**Maskenbau**

# Maskenbau – Schminken – Eigene Maske

## Rudolf Urbanski

**edition aragon**

Wir danken für die freundliche Unterstützung:

Anette Bruckmann
Ulrike Pätzold
Renate Janßen

Der Autor möchte sich auch für die freundliche Überlassung von Bildmaterial bedanken bei:

Edition La Malibran
Librairie Clair
161 Rue Saint
Paris 3

Niederrheinisches Museum
der Stadt Duisburg
Dezernat für Kultur und Bildung

© 2. Auflage 1994
edition aragon - Verlagsgesellschaft mbH
Neumarkt 7-9
47441 Moers

Lektorat: Willi Klauke
Satz: Cicero, Atelier für Werbe- und Textgestaltung
Druck: Fuldaer Verlagsanstalt GmbH, Fulda
ISBN: 3-924690-38-3

**Zum Autor:**

Rudolf Urbanski ist Jahrgang 1949. Durch frühe Mitarbeit bei freien Theatergruppen kam der Autor zu Straßenclownerie und Pantomime. Er wurde ausgebildet bei Prof. Samy Molcho, Ella Jaroscewitz, Carlos Trafic und Roy Bosier. Zur Zeit arbeitet Rudolf Urbanski freiberuflich als Ausbilder in den Bereichen Pantomime und Maskenbau.

# Inhaltsverzeichnis

# Vorwort

Obwohl sich die Kenntnisse der Frühgeschichte der Menschheit immer umfangreicher gestalten, wird die Frühgeschichte der Maske teilweise im Dunkeln verharren. Es ist unmöglich eine lückenlose Geschichte der Maske zu schreiben. Viele mythologische Bedeutungen sind im Laufe der Jahrhunderte verloren gegangen. Denn Masken gibt es seit dem Beginn der Menschheit.

Anfangen müßte man also bei dem Beginn der Menschheit, und forschen könnte man an fast jedem beliebigen Punkt der Erde, denn durch alle Kulturen zieht sich der Gebrauch und die Anwendung von Masken. Die Anwendungsbereiche und die Materialien sind sicher kulturspezifisch, nicht jedoch der Gebrauch von Masken. Die gab es in allen Kulturen und zu allen Zeiten der Menschheit. In diesem Buch kann ich nur einige Stationen der Geschichte der Maske ansprechen.

Es fällt auch schwer, das Wesen der Maske zu beschreiben. Immer bleibt mir das Gefühl, es mit Worten alleine nicht ausgedrückt zu haben. Also folge ich Satori, dem das Verdienst zukommt, die Masken der Commedia dell'arte für das moderne Theater wiederentdeckt zu haben: „.... es sind die Hände, die von ihr erzählen. Man kann viel über Masken wissen, kennenlernen wird man sie erst beim Selbermachen."

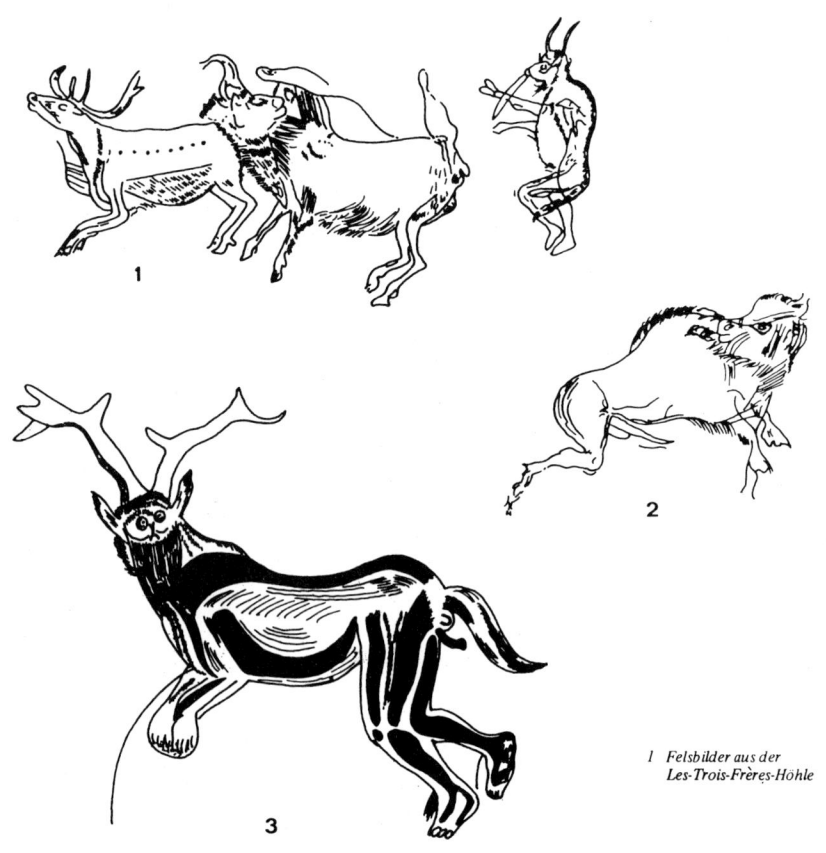

1

2

3

*1  Felsbilder aus der
   Les-Trois-Frères-Höhle*

# Geschichte der Maske

## Die Masken der Ur- und Naturvölker

„Maske" ein Begriff, der all diejenigen, die sich wenig mit dem Thema beschäftigt haben, an Karneval erinnert. Vielleicht noch an Theater.

Aber die Überschrift signalisiert: „Da ist noch viel mehr". Und ob: Eine Welt der Geister und Dämonen tut sich auf, Zauberei, Ahnenkult, das Reich der Toten ...

Masken sind fast so alt wie die Menschheit. Vor etwa hundert Jahren fand man in Frankreich, in den Höhlen „Les-Trois-Frères", Darstellungen von maskierten Menschen. Es wird vermutet, daß die ältesten Zeichnungen ca. 30.000 Jahre vor Christus entstanden sind.

Tragweise einer Hirschgeweihmaske

Die ersten Masken waren Tiernachbildungen. Sie wurden von den Nichtseßhaften, den Jägern und Sammlern getragen. Die Tiere hatten in der damaligen Zeit eine andere Bedeutung als heute. Sie waren ebenso wie der Mensch gleichberechtigter Bestandteil der Natur. Sie waren Gegner, Gefährten und Nahrungsquelle in einem. Sie bestimmten den Lebensrhythmus der Menschen. Heute wird vermutet, daß die Maskierung zwei Zwecken diente.

Einmal wollten die Jäger durch die Maskierung den Tieren ebenbürtig sein. Durch die Tiermaske wollten sie in das Tier selber eindringen, seine Gedanken und Gefühle kennenlernen.

Zum andern wird vermutet, daß die Maskierung auch zur besseren Annäherung bei der Jagd diente.

Auch die seßhaften Naturvölker entwickelten einen regen Maskenkult. Hier schlüpften die Maskenspieler in die Rolle der Ahnen, die Masken sollten die Ahnen symbolisieren. Durch die Maske wollte man Kontakt zu dem Reich der Toten aufnehmen, um von vorangegangenen Generationen wichtiges Wissen zu erhalten und Traditionen zu erfahren und weiterzugeben.

Die zwei beschriebenen Funktionen von Maskierung der Ur- und Naturvölker sind nur ein kleiner Ausschnitt der Frühgeschichte der Maske.

Im Laufe der Zeit kamen immer mehr Formen hinzu. Sie waren immer Bestandteil von kultischen und vorreligiösen Handlungen, z.B. zum Schutzersuchen, Bitte für eine gute Ernte, der Wunsch dem Feind überlegen zu sein, oder als Schutz vor bösen Geistern. Unerschöpflich sind die Möglichkeiten der Anwendung der Masken gewesen.

Im Literaturverzeichnis sind deshalb noch weitere Bücher gerade zum Thema Masken und Kult aufgeführt.

# Die Masken der griechischen Antike

Über religiöse und kultische Handlungen fand die Maske Eingang ins Theater.

Die Anfänge des europäischen Theaters sind in der griechischen Antike zu suchen. Das Theaterspielen entwickelte sich aus den kultischen Opfer-, Tanz- und Huldigungsumzügen zu Ehren des Gottes Dionysos etwa im 5. Jahrhundert.

Dionysos, ein Sohn des Zeus, wurde in Griechenland als Gott der Fruchtbarkeit, des Frühlingserwachens und der sinnlichen Freuden verehrt.

In einem schiffsähnlichen Karren zog Dionysos durch die Lande und inszenierte Freudenfeste. Dieses Gefährt wurde später als Thespiskarren bezeichnet. Später fanden diese Feste in theaterähnlichen Anlagen statt. Dionysos wurde, begleitet von zwei flötenspielenden Satyrn, in einer Prozession ins Theater gezogen. Er baute sich vor dem Altar auf und wurde von einem Chor umkreist. Er antwortete mit einem Dialog auf die Rundgesänge des Chores. Dargestellt wurde Dionysos von einem Mann namens Thespis. Er war bekleidet mit einer Maske aus Leinen und Schminke. Thespis gilt als der erste Schauspieler des europäischen Theaters. Er war auch der erste, der es gewagt hat, als nicht geweihter Mensch durch die Maske in die Rolle eines Gottes zu schlüpfen. In der weiteren Entwicklung des Theaters schlüpfte der Vorsänger durch Maskenwechsel in die Rollen verschiedener Gestalten der Dichtung, auch in die weiblichen, da den Frauen das Theaterspiel verboten war. Man bediente sich großer Stülpmasken, um so eine Fernwirkung zu bekommen. Sie hatten trichterförmige Öffnungen für die bessere Akustik. Sie wurden hergestellt aus in Gips getränkte Leinen, die man in Tonformen preßte.

# Commedia dell'arte

Die Commedia dell'arte ist eine Theaterform, die Mitte des 16. Jahrhunderts in Oberitalien entstand. Es war ein mobiles Stegreiftheater über das Volk für das Volk. Das Volk kam zu den Aufführungen, um sich selber distanziert durch die Maskierung der Schauspieler aus einer anderen Sicht neu zu erleben. Die improvisierten Stücke der Commedia waren ein überspitztes, auf den Punkt gebrachtes Spiegelbild der jeweiligen gesellschaftlichen Situation. Vor den Aufführungen standen nur die Figuren und eine Spielidee fest. Dialoge und konkrete Handlungsabläufe entwickelten sich während der Aufführung, wobei oft das Publikum in den Spielverlauf miteingriff. Die in den jeweiligen Stükken verwandten Figuren symbolisierten die Lebenssituationen und die Charakteristik, die die Zuschauer selber tagtäglich erlebten. Oft begaben sich die Schauspieler der Commedia dell'arte unerkannt vor den Aufführungstagen in die Stadt, um Ärgernisse und Probleme der Menschen aufzuspüren.

Es gab 8 Hauptfiguren im Commedia—Theater. Ihre Charaktere waren festgelegt durch ihre Masken. Schauspieler war man auf Lebenszeit, und so wurde eine Maske für einen Schauspieler nur einmal angefertigt. Er trug sie, bis sie zu seinem zweiten Ich geworden war. Die Masken wurden aus Leder gefertigt, ein Handwerk, daß heute nur noch wenige Menschen beherrschen. Dieses Material machte es dem Schauspieler möglich mit der Maske zu leben und zu atmen, sie so als seine zweite Haut zu erleben.

**Arleccino (*Pulcinella*).** *Er ist einer der beiden Zanni, der andere ist der Brighella. Sein Ursprung geht auf das 12. Jahrhundert zurück. Hellequin ist der diabolische Anführer der wilden Horden bei Dante. Daher kommt das Horn in der Maske des Arleccino und die schwarze Gesichtsfarbe, als Überbleibsel der Teufelsgestalt. In der Commedia dell'arte ist Arleccino mit seinem aus bunten Lumpen zusammengeflickten Rautenkostüm einer der armen Bauern, die aus der Gegend von Bergamo stammten und zu Tausenden in die Städte flüchteten. Dort verdingten sie sich als Lastenträger oder Diener auf der untersten sozialen Stufe.*

*Er spielt den dummen bis pfiffigen, immer hungrigen und stets verliebten Diener. Häufig von seinem Herrn geprügelt, aber durch seine Schlitzohrigkeit immer irgendwie überlegen. Die Zannis sind die Typen, über die das Publikum lachen und weinen kann.*

Harlequino

**Colombina** von „Colomba" (Taube) oder auch Arlecchina, Smeraldina, Corallina, Ricciolina genannt.

Sie ist die kleine verschmitzte Dienerin, meist in Arleccino verliebt. Sie trägt zwar keine Maske, ist aber vom Typ her ebenfalls festgelegt. Sie wurde in der älteren Form der Commedia von einem Mann gespielt, weil die Kirche den Frauen das Theaterspielen verbot.

**Pantalone** de Bisognosi ist eine der Hauptfiguren der Commedia.
Er steht für den reichen, venezianischen Kaufmann. Er ist habgierig, egoistisch, autoritär und immer grausam zu seinen Dienern. Trotz all seiner Wehwehchen rennt er geil den Schürzen nach. Mal geizig, mal freizügig kommt er doch nie zum Ziel.

**Dottore** aus Bologna stammend, tritt oft als Jurist oder Mediziner auf. Nicht sein Geld, wie bei Pantalone, sondern sein intelektueller Status läßt ihn wichtig

17

Pantalone

Dottore

erscheinen. Er neigt zu überschwänglichen Reden mit lateinischen Brocken versetzt, die jedoch immer hohl bleiben. Seine Feistheit, die Behäbigkeit und das Alter hindern ihn nicht daran nach Liebschaften zu streben. Er bleibt aber immer der Gehörnte.

**Capitano** die 3. betagte Hauptfigur mit gehobenem sozialem Status. Ihn zeichnen Habgier, Hochmut, Feigheit und Grausamkeit aus. Er schwingt immer angeberische Reden, prahlt so übertrieben mit seinen kriegerischen Heldentaten, daß man ihm kaum glauben kann. Daher wird er von allen nur verspottet. Er ist ein genauso erfolgloser Schürzenjäger wie Dottore und Pantalone, wodurch es immer wieder zu komischen Situationen kommt.

**Die Innamorati** (Liebespaar) oder Amorosi treten immer ohne Maske auf.
   Sie vertreten das junge und schöne Liebespaar. Durch sie gelangt die Komödie immer zu einem runden und sauberen Ergebnis. Es sind jeweils Tochter oder Sohn von Dottore, Capitano oder Pantalone.

---

Gestern war ich in der Komödie. Theater St. Lukas, die mir viel Freude gemacht hat, ich sah ein extemporiertes Stück in Masken, mit viel Naturell, Energie und Bravour aufgeführt... Mit unglaublicher Abwechslung unterhielt es mehr als drei Stunden, die Zuschauer spielen mit, und die Menge verschmilzt mit dem Theater in ein Ganzes. Den Tag über auf dem Platz und am Ufer auf den Gondolen und im Palast, der Käufer und Verkäufer, der Bettler, der Schiffer, die Nachbarin, der Advokat und sein Gegner, alles lebt und treibt und läßt sich es angelegen sein, spricht und beteuert, schreit und bietet aus, singt und spielt, flucht und lärmt. Und abends gehen sie ins Theater und sehen und hören das Leben ihres Tages, künstlich zusammengestellt, artiger aufgestutzt, mit Märchen durchflochten, durch Masken von der Wirklichkeit abgerückt, durch Sitten genähert.

**J. W. Goethe (1786)**

## Die Masken in Venedig

Bereits 1094 wurde der Venezianische Karneval urkundlich erwähnt. Im Mittelalter gab es immer wieder Berichte von Reisenden, die vom bunten Treiben mit den vielfältigen Masken erzählten. 6 Monate und länger dauerten die Feste in der Lagunenstadt. Das ging dann soweit, das im 17. bis 18. Jahrhundert die Maske als Teil der Kleidung das ganze Jahr hindurch getragen wurde.

„Bautta" nannte man das Maskenkostüm. Es wurde gleichsam von Männern und Frauen getragen und bestand aus einem über dem Mantel, bei den Frauen über dem Kleid getragenen Schulterumhang aus Samt, Seide oder Spitze mit einer dazugehörenden Kaputze. Darüber wurde ein Dreispitz und vor dem Gesicht noch eine weiße Maske mit breitem, spitzem Schnabel getragen. So eine Maske war sehr praktisch. Man konnte, weil sie unten offen war, ohne sich zu enttarnen, seinen Expresso trinken oder Pfeife rauchen. War man mal nicht „inkognito" paßte die Maske genau in eine Ecke des Dreispitzes.

Eine andere typische Maske für den täglichen Bedarf war die des „medico de la peste". Des Pestdoktors also. Das war eine vogelähnliche Maske mit langem Schnabel. Ganz schön praktisch war das. Der lange Schnabel hielt dem medico die todkranken Kunden auf eine gewisse Distanz. In dem Schnabel befand sich oft auch noch ein Säckchen mit wohlriechenden Kräutern. Das übertönte den manchmal beißenden Geruch der Sterbenden.

Etwa um 1796 – 97 wurde von Napoleon alle Maskerade verboten. Erst Ende der 70iger Jahre unseres Jahrhunderts, nach fast 200 Jahren Pause, wurde von Kunst und Theaterstudenten der venezianische Karneval wieder ins Leben gerufen. 10 Tage lang (vom 15. Mai bis zum 06. Juni) brodelt und kocht

Masken Venedigs

es dann in der Lagunenstadt. Touristen aus aller Welt kommen inzwischen nach Venedig, um mit ihren grellen Masken und bunten Kostümen auf den Straßen und Plätzen zu feiern.

# Praktischer Teil

Wenn du dir deine eigene Maske bauen willst, ist es sicher ein guter Anfang, vorher eine Maske zu schminken. Dadurch lernst du die typische Landschaft eines (deines) Gesichts kennen.

## Schmink dir eine Maske

Wir haben in unserem dargestellten Beispiel eine Pantomimenmaske gewählt, weil sie vom Aufwand und von den benötigten Materialien am einfachsten zu realisieren ist.

Zuerst solltest du dir überlegen, ob du einer Fett- oder Wasserschminke den Vorzug geben willst. Welche für dich die Verträglichste ist, hängt von deinem Hauttyp ab. In einem Kosmetikladen oder einer Drogerie wird man dir sicher unverbindlich Auskunft geben.

Profis bevorzugen Fettschminken. Sollte es in deiner Nähe keine Theaterschminke geben, so macht das nichts. Im Anhang findest du einige nützliche Adressen.

Also, du brauchst:
– weiße Theaterschminke
– einen Kajalstift (schwarzer Lidstift)
– einen knallroten Lippenstift.

An Stelle des Kajalstiftes kannst du auch schwarze Schminke mit einem dünnen Pinsel auftrgen. Das ist zwar besser, erfordert aber einige Übung.

Und jetzt geht es los.

Greif dir einen Spiegel, mache es dir bequem und entspanne dich.

Eine gute Musik von LP, MC oder CD kann recht nützlich sein.

Gesichtsmuskeltraining ist angesagt. Das heißt – Grimassen schneiden. Das sieht zwar ganz schön blöd aus, ist aber wichtig, wenn du mit der Schminkmaske später was spielen willst. Versuche beim Grimassenschneiden in einen bestimmten Rhythmus zu kommen. Betreibe

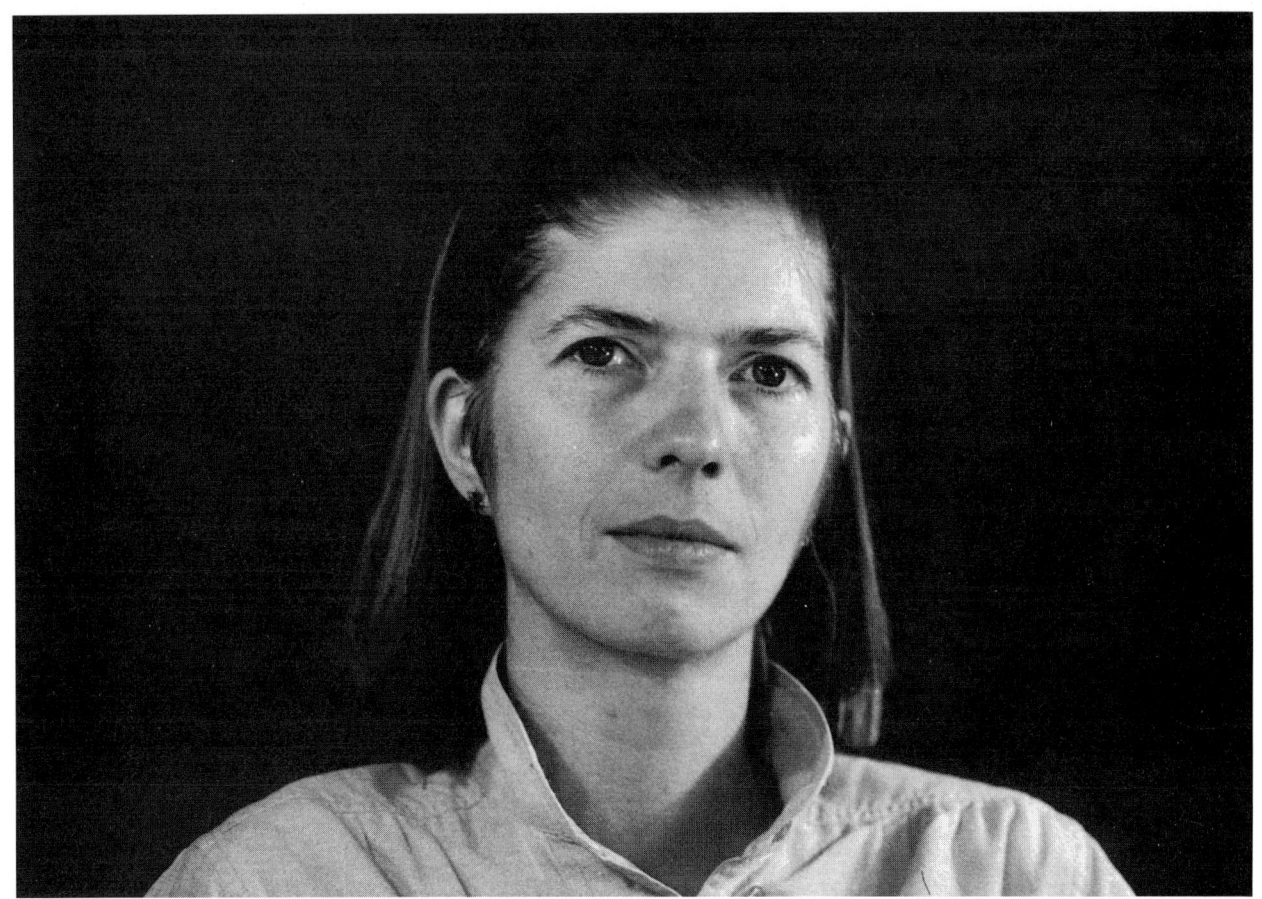

Gesichtsmuskeltraining

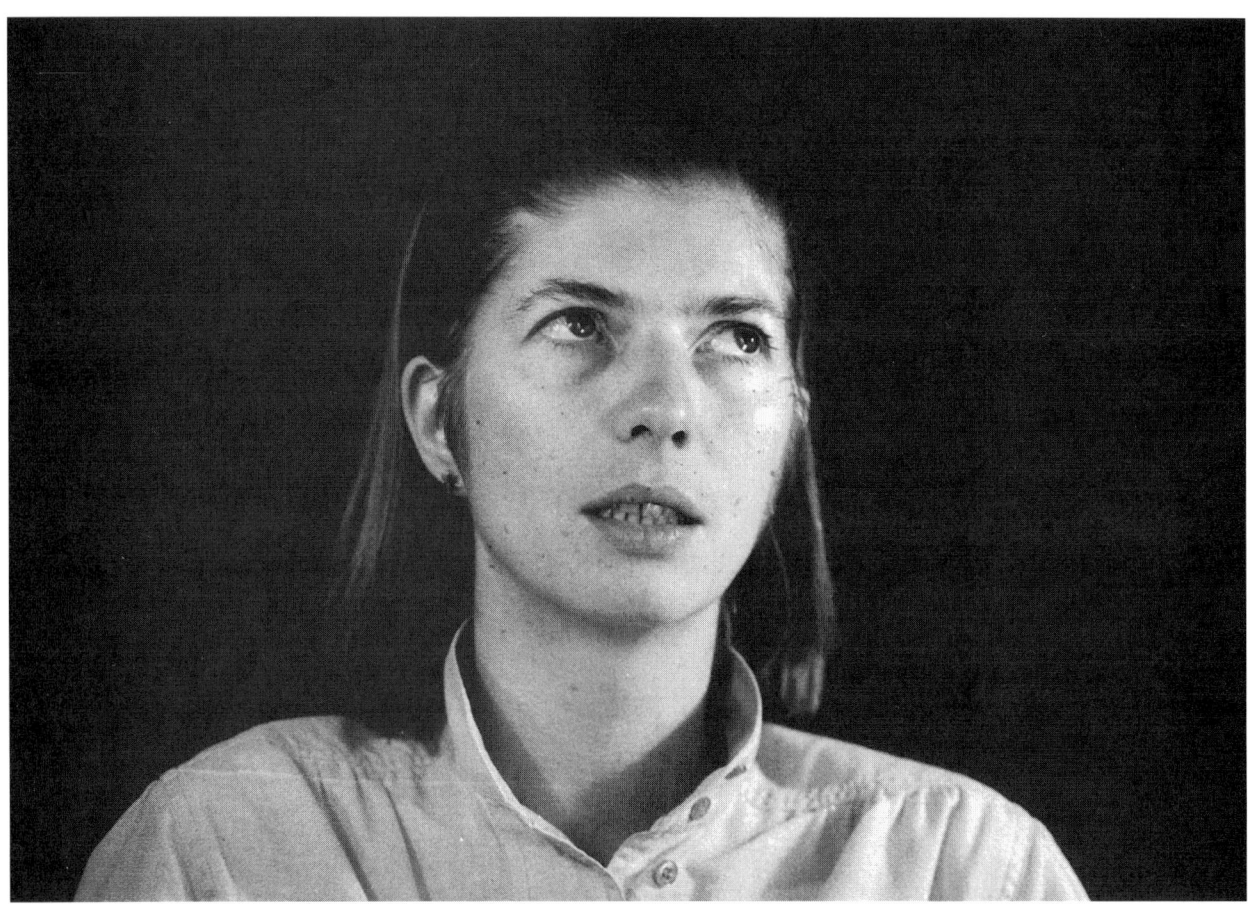

Gesichtsmuskeltraining

Gesichtsmuskeltraining

Gesichtsmuskeltraining

sowohl mimisch, als auch stimmlich Lautmalerei. A, E, I, O, U „AH" ein kühles Bad, „iiih" ein fauler Apfel. Probiere je nach Art der Grimasse, ganz stark zu übertreiben, z.B. Augenbrauen ganz hoch, die Augen weit aufreißen, den Mund erst spitzen, dann zu einem extrem breiten Grinsen übergehen, die Augen fest zusammkneifen und so weiter ...

Beende diese Übungen, bevor es zu anstrengend wird. In diesem Punkt solltest du nicht übertreiben.

Jeder Mensch ist auf seine Art und Weise schön! Betrachte dein ungeschminktes Gesicht im Spiegel. Fahre mit den Händen über die Stirn, taste deine Nase, die Wangenknochen, den Mund, die Kinnpartie ab. Begreife deine Gesichtslandschaft. Taste mit den Fingerspitzen den Rand deines Gesichts, ziehe eine deutliche Grenze zwischen Kopf und Hals.

Jetzt kannst du mit dem Schminken beginnen. Bevor du die weiße Farbe aufträgst, mußt du dein Gesicht mit kaltem Wasser gut abspülen und abtrocknen. Dadurch schließen sich die Hautporen und die Farbe dringt nicht so tief ein. Beginne jetzt von der Stirn an abwärts gleichmäßig die weiße Schminke aufzutragen. Die Augenbrauen werden ebenfalls abgedeckt. Schminke vorsichtig bis an die Augenwimpern heran ohne sie einzufärben.

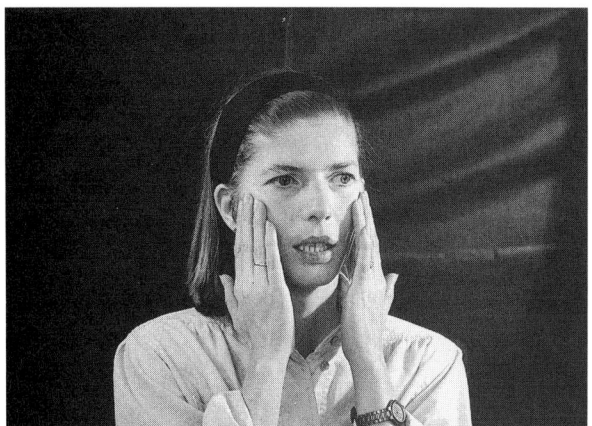

Erst mit kaltem Wasser gut abspülen ...

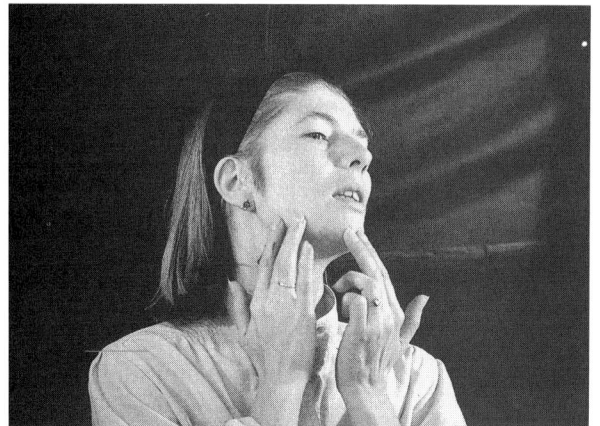

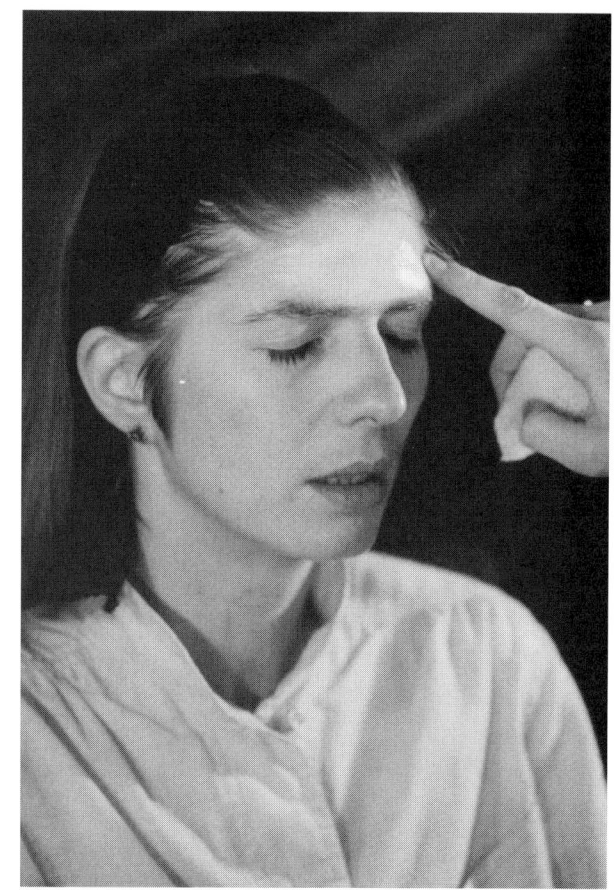

... dann bei der Stirn beginnen

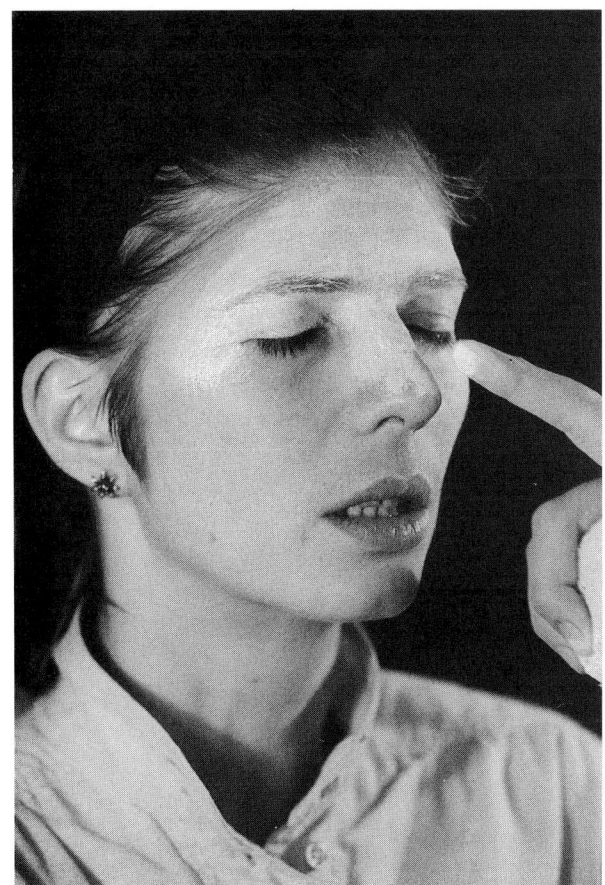

Einfärben ...

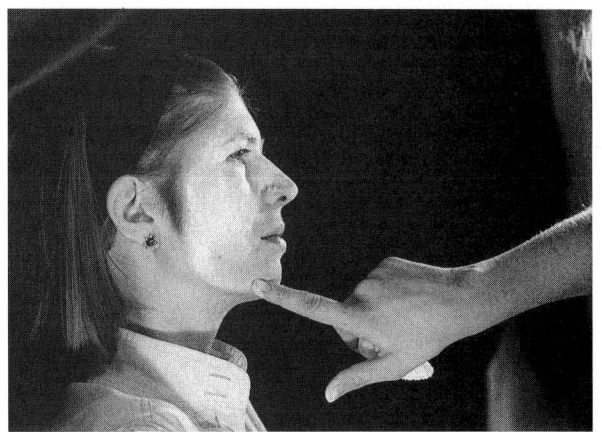

... bis zum äußeren Gesichtsrahmen

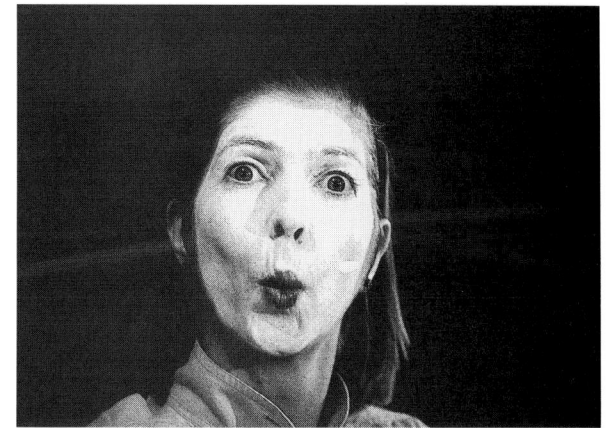

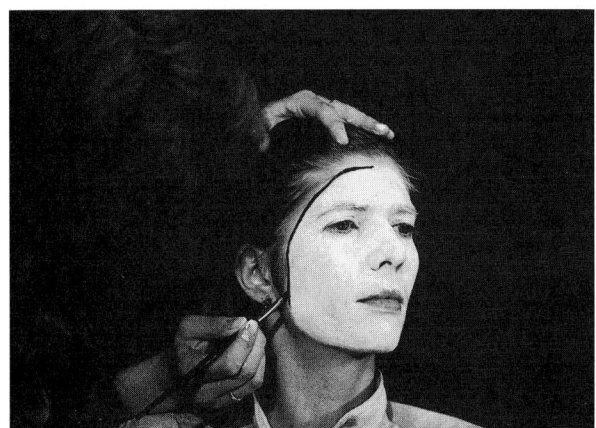

Mit dem Kajalstift ...

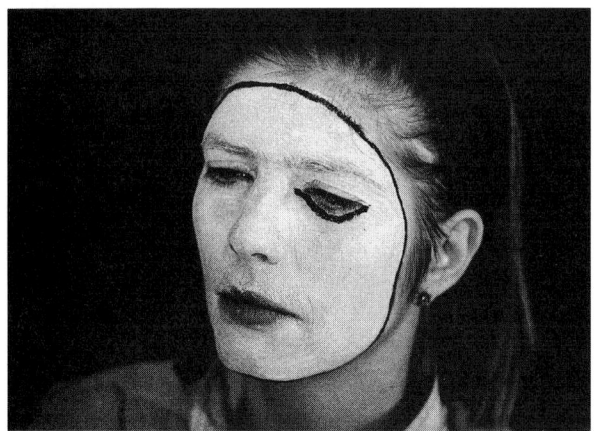

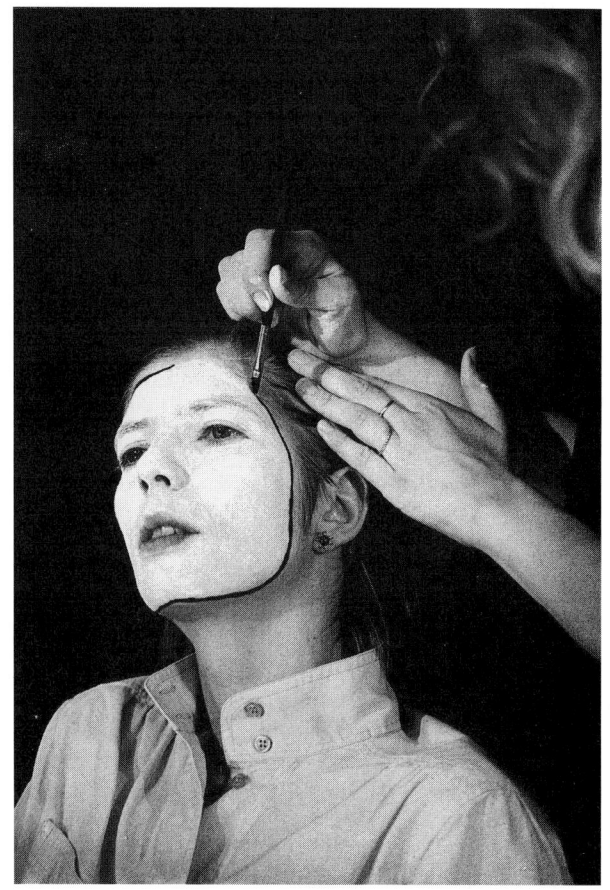

... das Gesicht begrenzen

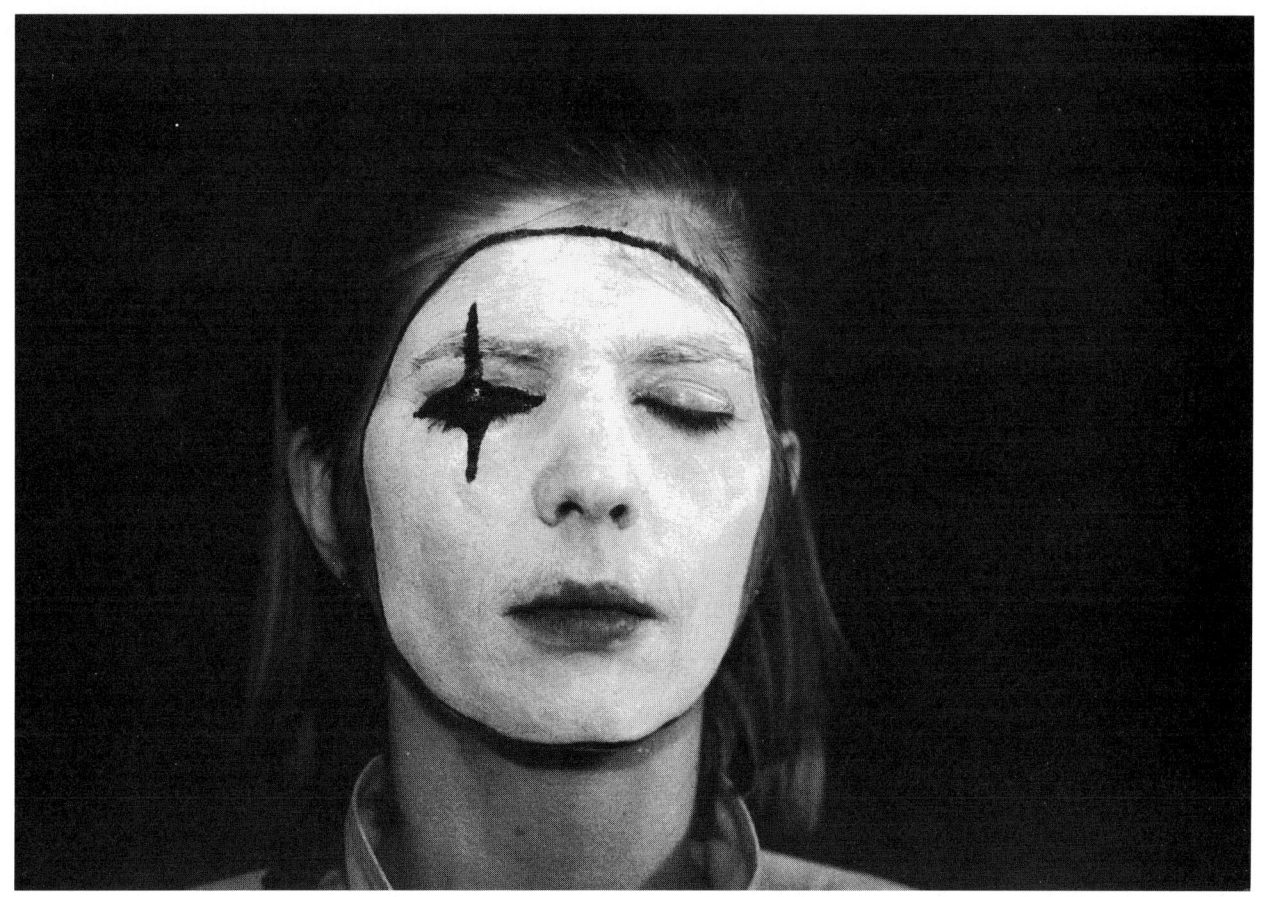

Mit dem Kajalstift die Augen betonen

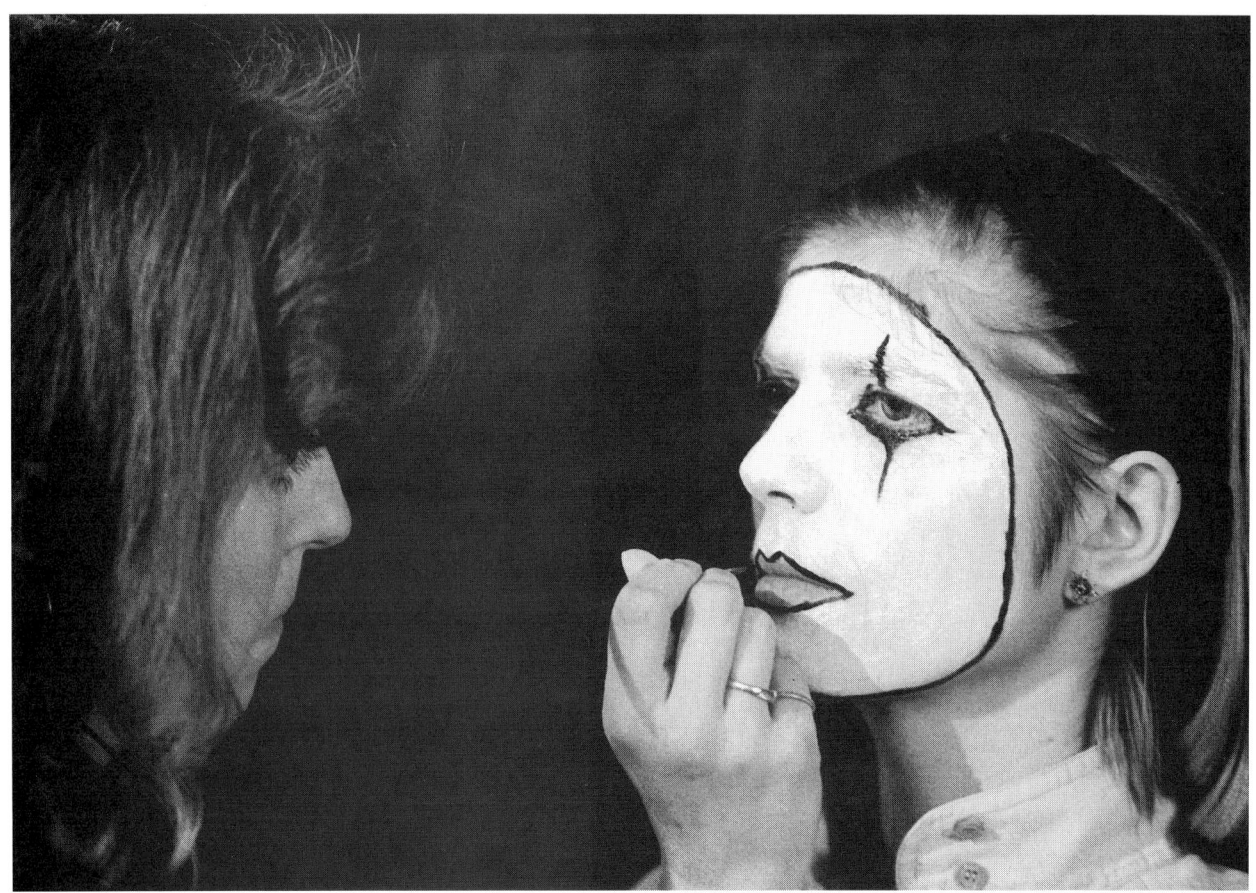

Färbe den Mund mit dem Lippenstift

Fast fertig ist das geschminkte Gesicht

Versuche möglichst genau bis zum äußeren Gesichtsrahmen zu färben. Bei der Mundpartie hast du die Möglichkeit eine optische Korrektur vorzunehmen, indem du mit einem schwarzen Stift die Größe und Form gibst, die du gerne möchtest. Färbe den Mund mit Lippenstift ein. Die Augen male so groß es nur geht mit dem Kajalstift. Die senkrechte Linie besteht aus zwei Strichen, die nach oben bzw. nach unten zusammen laufen, etwa so:

Nun zurück zum Spiegel

Gesichtsmuskeltraining

36

Zum Schluß begrenze den äußeren Rand deiner Gesichtsmaske noch mit einer schwarzen Linie. Über deine natürlichen Augenbrauen kannst du zwei schwarze Bögen malen. Das erhöht die Fernwirkung. Natürlich sind alle Änderungen und Variationen, die dir besser gefallen, erlaubt.

Wenn dir deine Maske gelungen ist, wird es dich ganz von selber reizen, neue Grimassen vor dem Spiegel zu erfinden.

Den Mundrahmen mit dem Kajalstift betonen

Üben vor dem Spiegel

Grimassen schneiden

Ganz-Maske mit Mundöffnung

# Maskengrundformen

*Vor dem Bauen des Maske mußt du dich für eine Grundform entscheiden. Diese hängt von der späteren Verwendungsart ab. Man unterscheidet*
- *Ganz–Maske, mit geschlossenem Mund, nicht zum Sprechen geeignet*
- *Ganz–Maske mit Mundöffnung*
- *2/3–Maske, bei der das untere Drittel des Gesichtes unbedeckt ist*

*Neben diesen Hauptformen gibt es selbstverständlich viele Variationsmöglichkeiten.*

*Wichtig ist nur, sich vor dem Bauen zu fragen: Was will ich später mit der Maske machen?*

Verschiedene Maskentypen

Verschiedene Maskentypen

## Gipsabdruck vom eigenen Gesicht

Um eine wirklich eigene Maske für sich zu erstellen, brauchst du die Form deines Gesichtes als Gipsabdruck. Dieser Gipskopf bildet die Grundlage für die Maskengestaltung. Die Erstellung ist aufwendig, lohnt sich aber. Hast du ihn einmal erstellt, ist er beliebig oft und auch noch nach Jahren verwendbar. Eine Reihe Arbeitsschritte sind notwendig. Im folgenden bekommst du einen chronologisch geordneten Ablauf.

<u>Material</u>
2 Rollen Cellona Gipsbinden (10 cm breit)
125 ml Vaseline
lauwarmes Wasser
Papierküchentücher

<u>Werkzeug</u>
Schere
Wasserschale
Stirnband
Kittel oder altes Hemd

## Gipsabdruck

Dieser Gipsabdruck ist die Form, in der später dein Gesicht aus Gips gegossen wird.

## Arbeitsschritte

01. Zuerst legst du dir alle Materialien und Werkzeuge zurecht
02. Fülle das lauwarme Wasser in die Schüssel. In ihr werden später die Gipsbinden gewässert.
03. Zerschneide die Gipsbinden in Stücke zwischen 2 cm und 5 cm Breite.
04. Gesicht mit kaltem Wasser spülen, damit sich die Poren schließen.
05. Streiche mit dem Stirnband die Haare zurück
06. Trage gleichmäßig die Vaseline von oben nach unten auf dein Gesicht auf, und zwar bis zu den äußeren Gesichtskonturen.
07. Ab jetzt brauchst du die Hilfe eines Partners. Setze dich bequem in einen Stuhl, Kopf zurücklehnen.
08. Bevor die Gipsbinden Stück für Stück auf dein Gesicht aufgelegt werden können, müssen die Augenbrauen, Wimpern und – falls vorhanden – der Bart mit eingefetteten

Zuerst werden die Materialien zurecht gelegt

44

Das Gesicht gut mit Vaseline einfetten

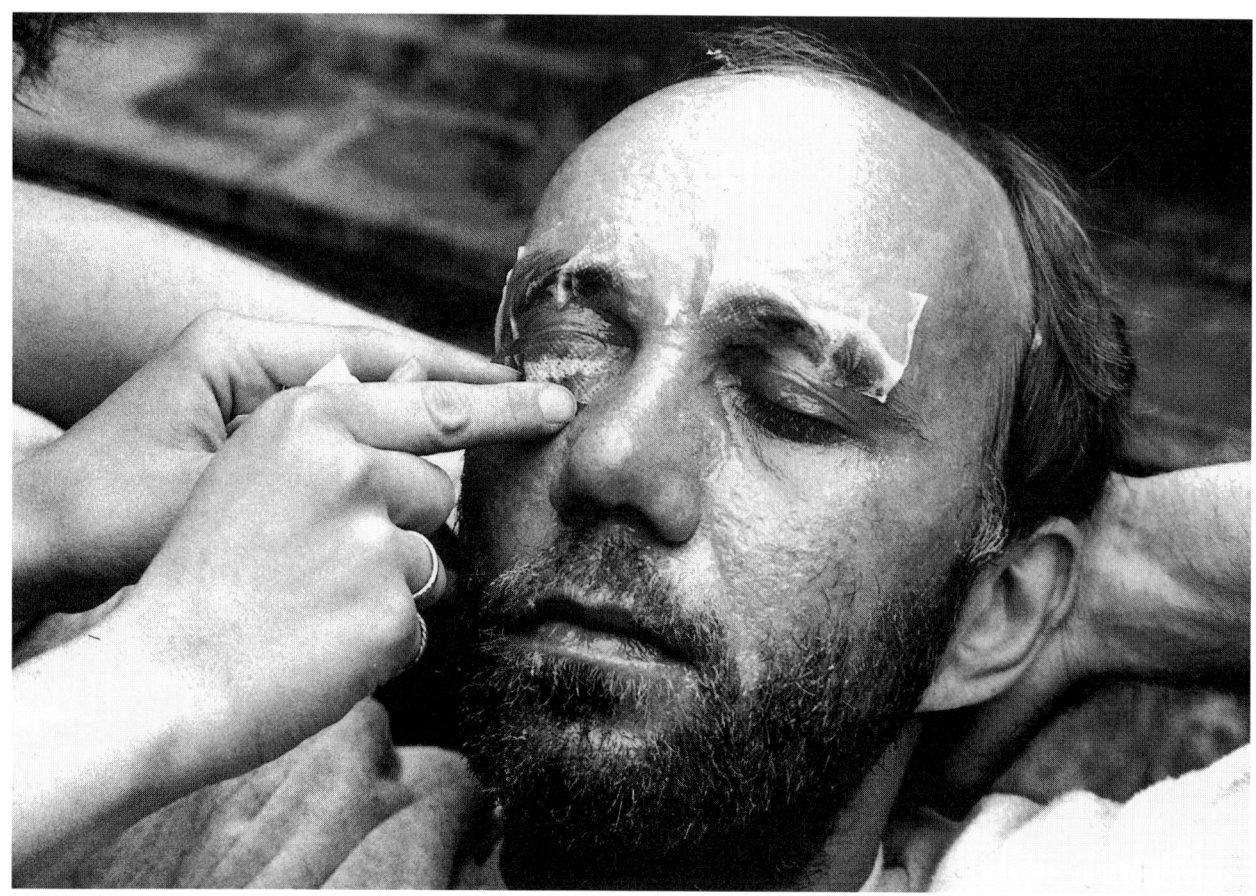

Bart, Augenbrauen, Wimpern mit eingefetteten Küchentüchern schützen

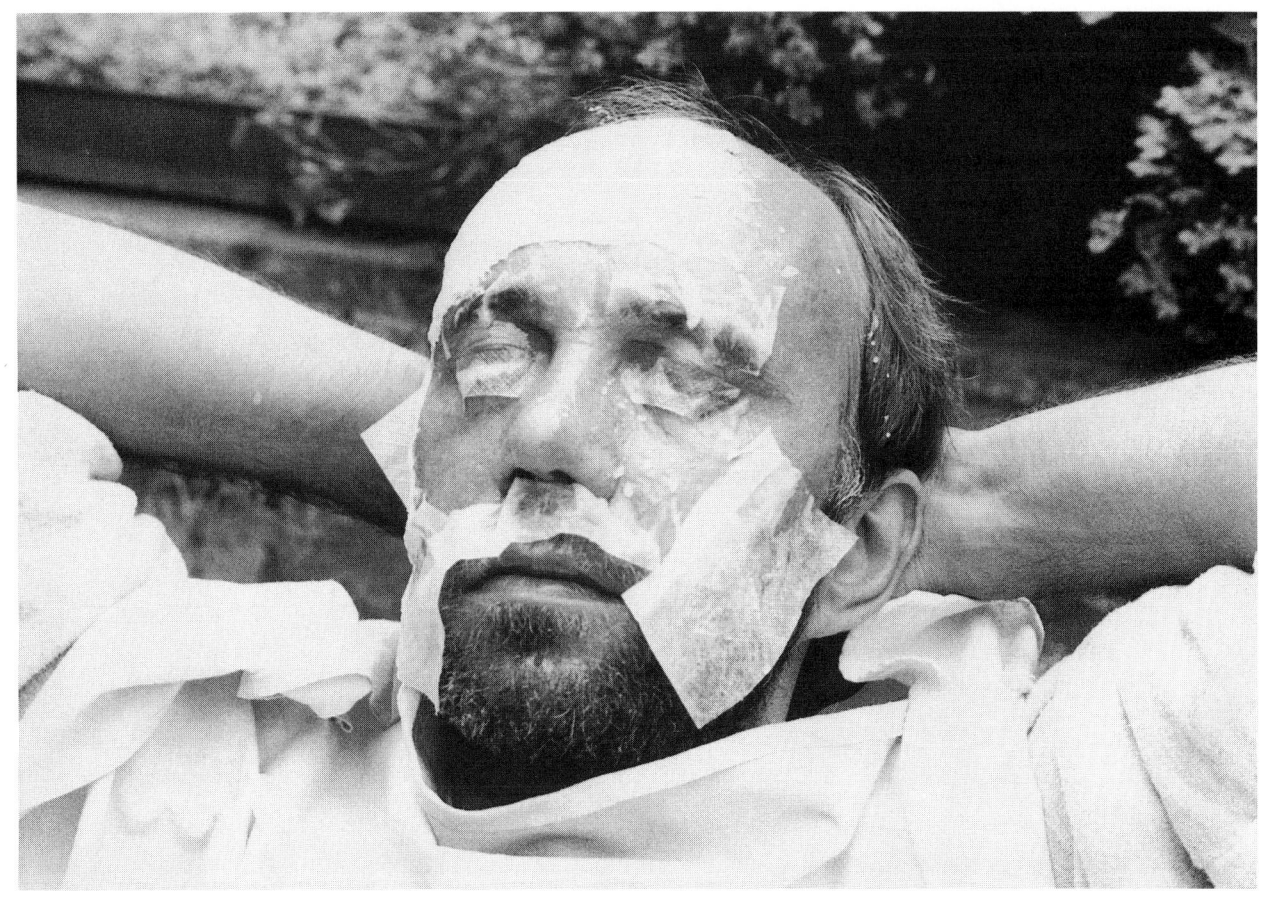

Die Gipsstücke werden auf das Gesicht gelegt

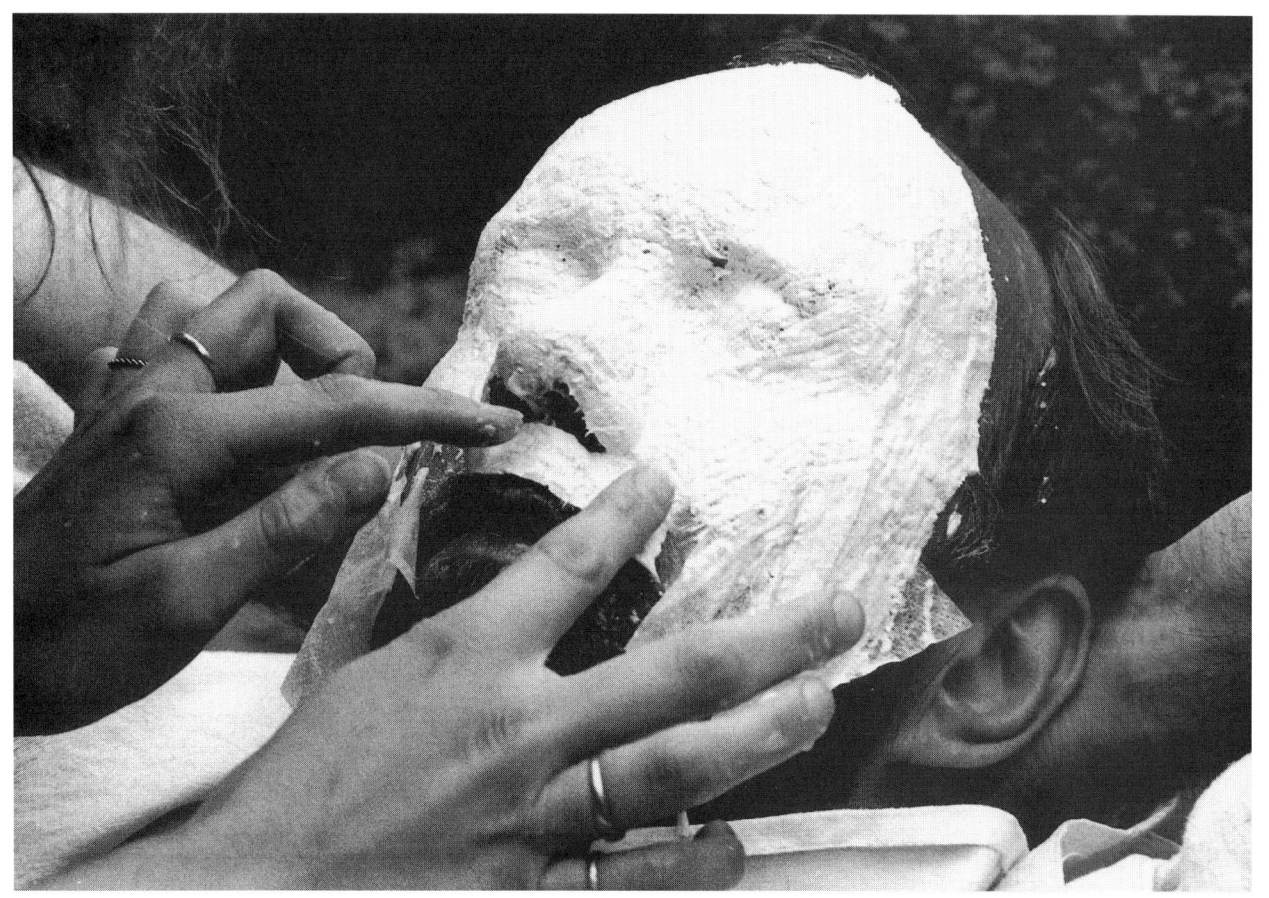

Die Nasenlöcher bleiben frei

Küchentuchstreifen abgedeckt werden.

09. Jetzt werden die Gipsbinden-Stücke, einer nach dem andern kurz ins Wasser getaucht und leicht überlappend auf das Gesicht gelegt. Man beginnt mit der Stirn, geht bis ans Ohrläppchen und endet mit dem Auflegen einen fingerbreit unterm Kinn. Die Mundpartie gut mit einem Stöckchen andrücken. Wichtig: Die Nasenlöcher bleiben frei!
Insgesamt müssen auf diese Art drei Lagen Gipsbinden übereinander aufgetragen werden.

10. Nach dem Auftragen der letzten Schicht noch etwa fünf Minuten warten.

11. Jetzt kannst du die Gipsmaske vorsichtig von deinem Gesicht lösen — mit beiden Händen gerade vom Gesicht ziehen.

12. Nun hälst du die Negativform deines Gesichtes in den Händen. Bevor

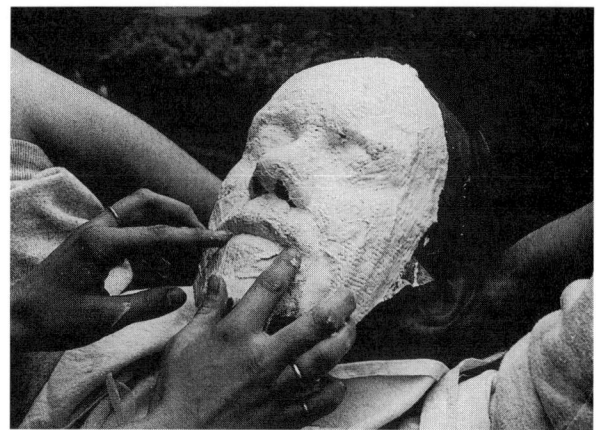

Nach dem Auftragen ... erst mal warten

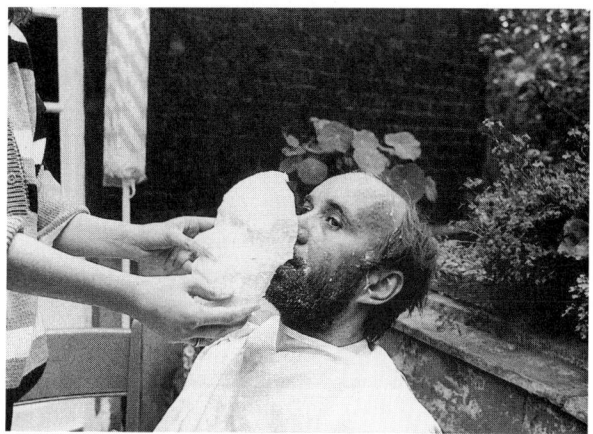

*du an das Gießen deines „Gipskopfes" gehen kannst, mußt du die Form noch bearbeiten.*

13. *Schließe mit Stücken aus Gipsbinden die Nasenlöcher außen auf der Form.*

14. *Streiche das Negativ innen dünn aber gründlich mit Vaseline aus.*

*Vorsicht: keine wichtigen Vertiefungen zuschmieren. Der flüssige Gips muß sich aus in Feinheiten des Gesichtsabdruckes gut verteilen können.*

# Erstellen des Gipsgesichtes

<u>Material</u>
ca. 3 kg Gips
2 Liter Wasser
Sand,
feines Schmirgelpapier
Lackfarbe

<u>Werkzeug</u>
Behälter zum Anrühren des Gipses
Schuhkarton für den Sand
Raspel
Pinsel

<u>Arbeitsschritte</u>
01. Den Sand in den Schuhkarton füllen, 3/4 voll
02. Drücke die Negativform vorsichtig in den Sand, so daß sie fest und waagerecht liegt.
03. Jetzt rühre den Gips an. Fülle zuerst das Wasser in den Behälter, dann streue nach und nach den Gips ein. Jetzt Ärmel aufkrempeln und rein in die Pampe. Rühre sie mit der Hand gut glatt, es dürfen keine Klumpen mehr drin sein. Der Gips muß so flüssig sein, daß er sich noch gut schütten läßt. Bevor du den Gips in die Negativform füllst, stauche den Behälter mehrere Male. Die Luftblasen müssen raus.
04. Gieße langsam den flüssigen Gips in deine Negativform. Die Form bis zum Rand gefüllt.
05. Stoße nach dem Eingießen mehrere Male vorsichtig gegen den Schuhkarton, damit die Luftblasen aus der Form entweichen können.

Die Negativform vorsichtig in den Sand drücken

Waagerecht muß sie liegen

Zu 2/3 mit Sand gefüllt ist der Karton

Ärmel aufkrempeln und den Gips gut rühren

Den flüssigen Gips langsam in die Negativform gießen

Die Form bis zum Rand füllen

Nach vier Stunden ist der Gips abgebunden

Das fertige Gipsgesicht

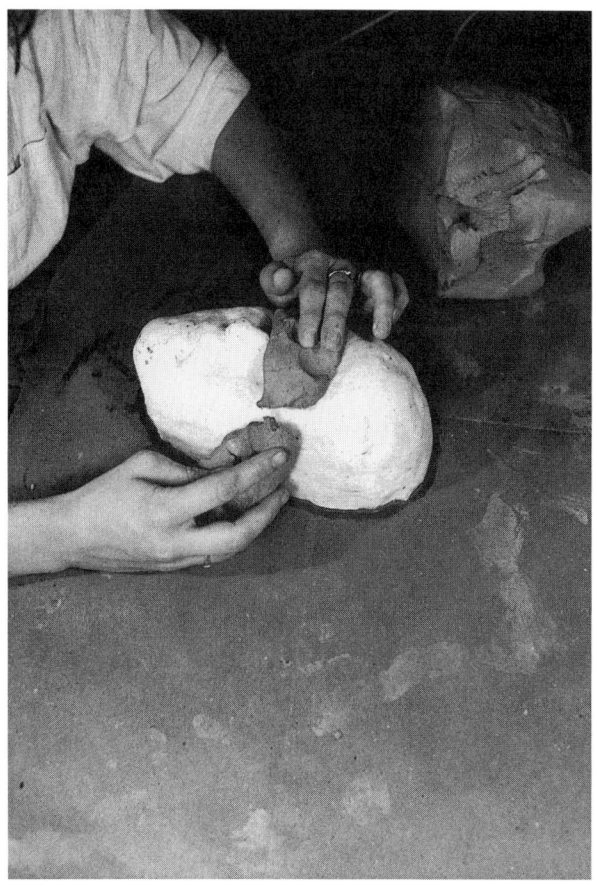

Schmirgeln

06. Nach etwa 4 Stunden ist der Gips abgebunden. Du kannst jetzt die Form vorsichtig vom Gipsabdruck lösen.
07. Du hältst die massive Gipsform deines Gesichtes in den Händen.
08. Bearbeite nun die Unterkante der Form mit der Raspel, bis sie glatt und ohne zu wackeln festliegt.
09. Schmirgel das Gipsgesicht vorsichtig mit feinem Sandpapier, bis alle nicht in das Gesicht gehörende Unebenheiten verschwunden sind.
10. Streiche das Gipsgesicht mit der Lackfarbe an, um die Poren des Gipses fest zu verschließen.

Endlich kann die erste kreative Phase des Maskenbaus beginnen!

# Modellieren der Maske

Wie deine Maske später aussehen soll, mußt du selbstverständlich selber entscheiden. Wenn du keine klaren Vorstellungen hast, gibt es verschiedene Möglichkeiten für dich deine Maske zu finden:

— Du suchst dir aus Büchern oder Zeitschriften ein Gesicht aus, das dich reizt. Entweder von einem eindrucksstarken Menschengesicht oder von einem Tier. Nun versuchst du dieses Gesicht in Ton zu modellieren.

— Mache einen Spaziergang und beobachte die Natur. So kann eine Baumrinde eine Menge von Anregungen für die verschiedenen Gesichter liefern oder die eigenwillige Form eines Steins. Die erstaunlichsten Gesichter werden von Wolken gezeichnet. Die auf den folgenden Bildern entstehende Maske ist geboren worden in der zerbröckelten Mauer einer Burgruine.

— Du nimmst dir einfach einen Klumpen Ton und läßt dich überraschen, was deine Hände und Gedanken daraus machen.

Motivsuche

# Modellieren der Maske

*Material*
Ton, etwa 2 kg;

*Werkzeug*
Messer
Modellierstäbchen

*Arbeitsschritte*
1. Lege den Gipskopf auf eine Holzplatte, die auf jeden Fall so groß sein muß wie deine spätere Maske.
2. Nun modelliere auf diesen Gipskopf deine Maske. Sollte der Ton zwischendurch zu trocken werden und dadurch rissig, wickel dein Modell in feuchte Tücher, bis der Ton wieder feucht genug ist (etwa 30 Minuten).

*Diese Tonmaske ist wieder nur ein Zwischenschritt. Es muß eine Papiermaske gemacht werden. Um diese „Pappmaché—Maske" herzustellen, gibt es zwei Wege. Wenn dein Modell keine großen Vertiefungen aufweist, kannst du direkt vom Tonmodell deine Pappmaske anfertigen. Als Maskenpapier genügt einfaches Packpapier. Vier bis fünf Lagen müssen sorgfältig übereinander geklebt werden. Mit dem speziellen Kaschierpapier geht es natürlich einfacher. Es genügen in der Regel drei Lagen. Die Bezugsadresse für Kaschierpapier steht im Anhang unter Studio Arlecchino & Co.*

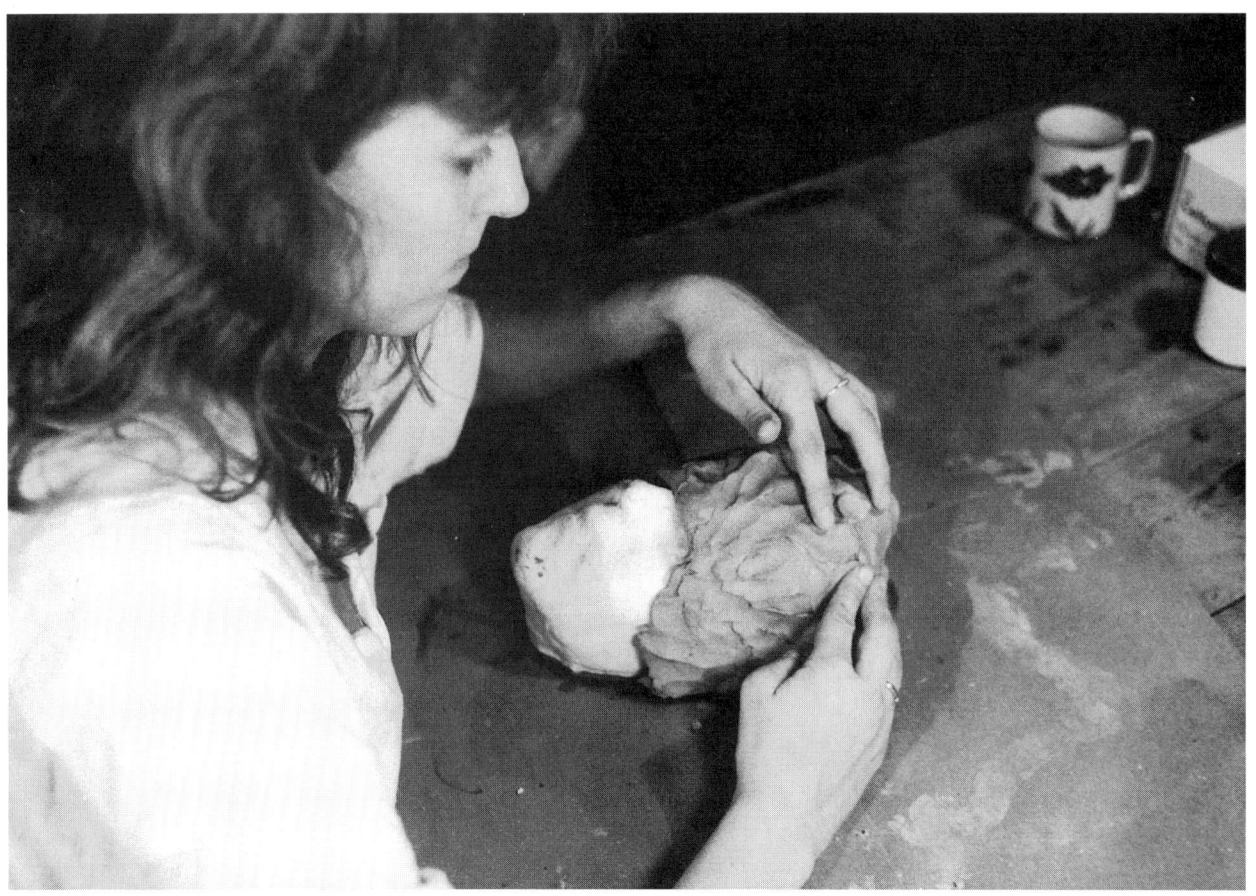

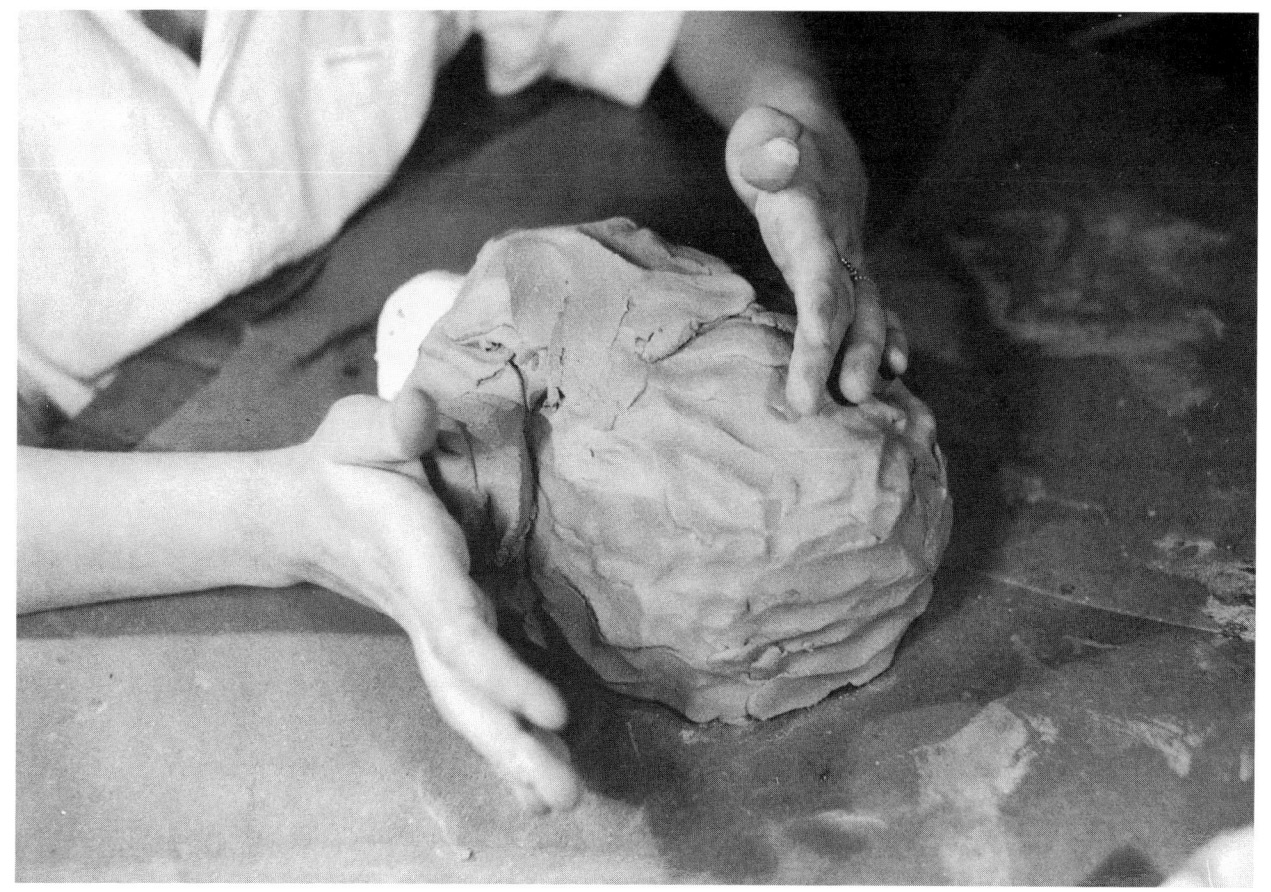

Auf den Gipskopf wird die Tonmaske modelliert

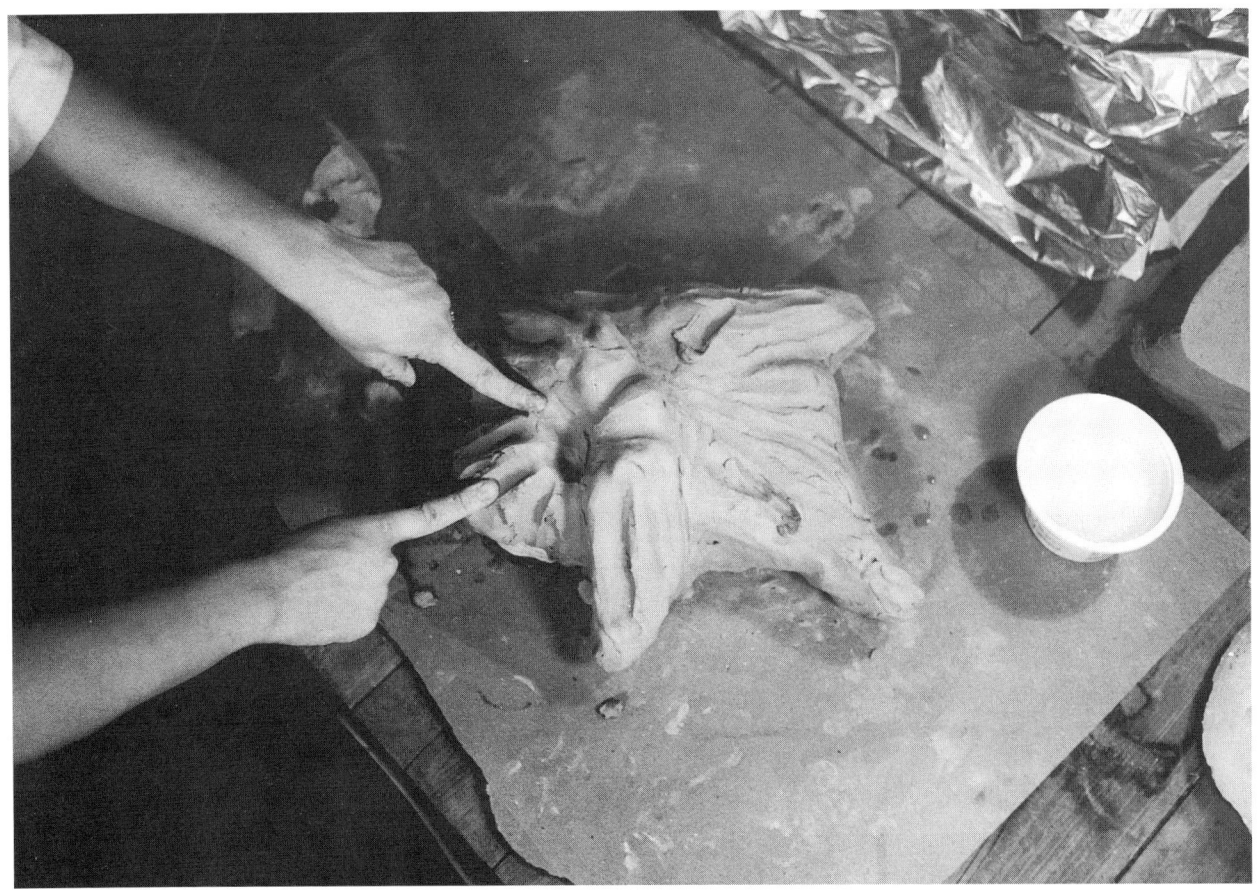

Beim Modellieren ...

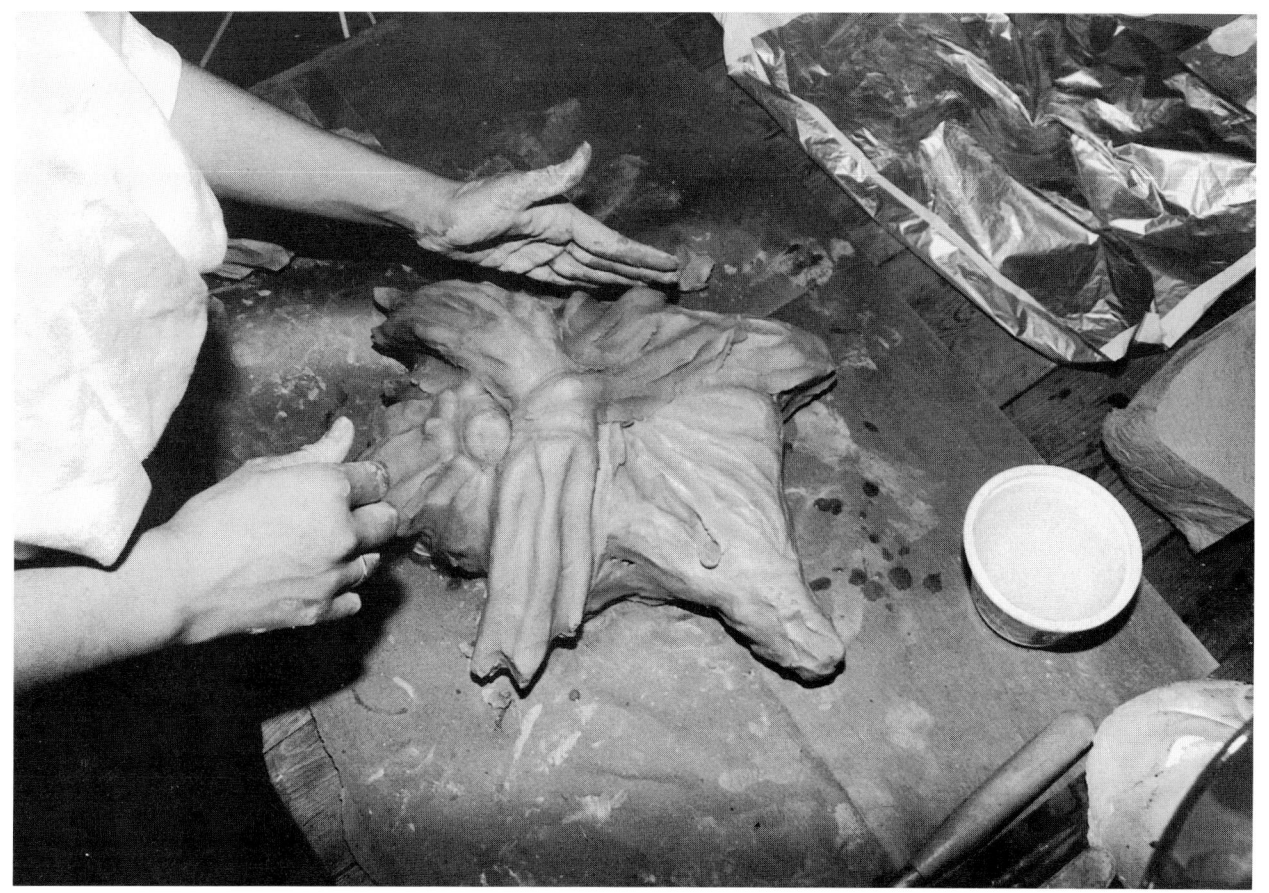

... sind der Phantasie keine Grenzen gesetzt

# Pappmaché Maske von der Tonform

Material:
Maskenpapier oder Packpapier
Zeitungspapier
50 g Tapetenkleister
Holzleim 1/2 Tasse
Vaseline
2 1/2 l Wasser
Werkzeug
Lappen
Plastikschüssel zum Anrühren des Kleisters
Rührholz
Pinsel mit kurzen harten Borsten
Modellierstab

Arbeitsschritte

1. Rühre zuerst den Kleister an. In das Wasser wird der Kleister langsam eingerührt. Solange rühren, bis keine Klumpen mehr drin sind. Jetzt den Holzleim dazugeben.
2. Das Maskenpapier in kleine Stücke reißen (etwa 3 x 3 cm), nicht schneiden.
3. Packe diese Papierstücke in den Kleister und lasse alles mehrere Stunden ziehen. Das echte Maskenpapier muß länger durchweichen, als normales Packpapier.
4. Reibe dein Tonmodell mit Vaseline ein
5. Nun lege die eingeweichten Papierstücke Stück für Stück überlappend auf das Tonmodell. Beginne mit der höchsten Stelle. Dieser Arbeitsschritt heißt kaschieren. Kaschieren bedeutet „verstecken". Also, es darf nach dem Auftragen der ersten Lage kein Eckchen Ton mehr zu sehen sein.

6. Wiederhole den gleichen Arbeitsgang mit den Zeitungspapierstücken. Diese brauchen nur kurz in den Kleister getaucht werden.
7. Dann wieder die nächste Lage mit Maskenpapier machen. Insgesamt brauchst du 2 – 3 Lagen Zeitungspapier und 2 – 3 Lagen Maskenpapier.
8. Jetzt muß deine Pappmaske gut durchtrocknen. Zeit 1 Tag.
9. Löse die Maske von dem Ton. Wenn du einfache Form hast, gelingt es dir vielleicht, sie einfach nur abzuheben. Ansonsten mußt du den Ton aus der Pappmaché–Form herauskratzen.

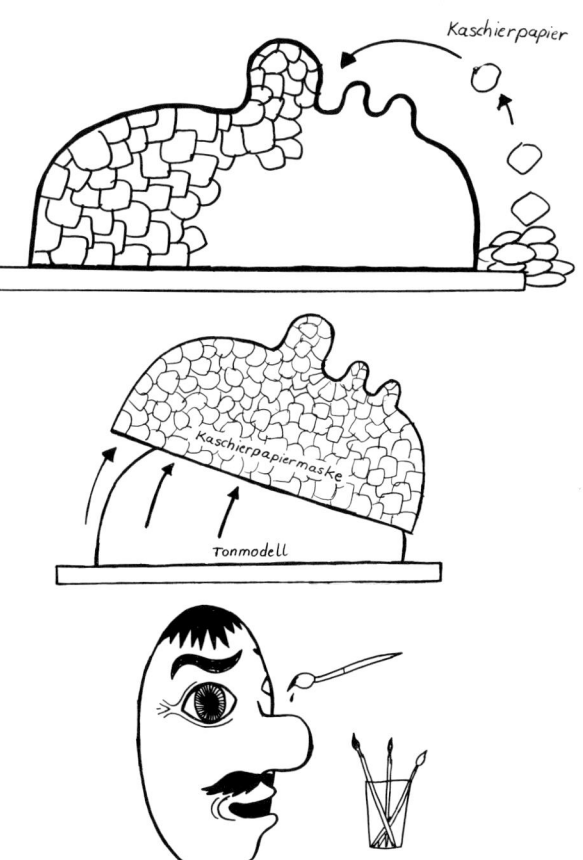

# Erstellen einer Negativform

Der Weg mit einer zweiten Negativform ist etwas aufwendiger, lohnt aber in jedem Fall. In beiden Fällen mußt du nämlich dein mühsam erarbeitetes Tonmodell zerstören. Mit der Negativform ist es dann jedoch möglich, mehrere Masken zu produzieren. Ein weiterer Vorteil ist die genauere Struktur der Oberfläche. Das läßt sich erklären: Du arbeitetest in der Negativform nach innen. Die zuerst geklebte Schicht wird später die Außenseite deiner Maske.

*Material*
Gipsbinden
Vaseline
Wasser

*Werkzeug*
Schüssel
Schere

*Arbeitsschritte*
1. Reibe dein Tonmodell gut mit Vaseline ein.
2. Zerschneide die Gipsbinden in etwa 3 cm breite Stücke.
3. Tauche die Gipsbinden Stück für Stück kurz in das Wasser und lege sie auf dein Tonmodell, gut andrükken.
4. Diesen Arbeitsschritt wiederholst du etwa 3 – 4 mal.
5. Die Form aus Gipsbinden vorsichtig von dem Tonmodell trennen.
6. Jetzt hast du eine Negativform von deiner Tonmaske.
7. Säubere die Innenseite der Gipsform gut von allem Ton.
8. Reibe die Negativform von innen mit Vaseline ein.

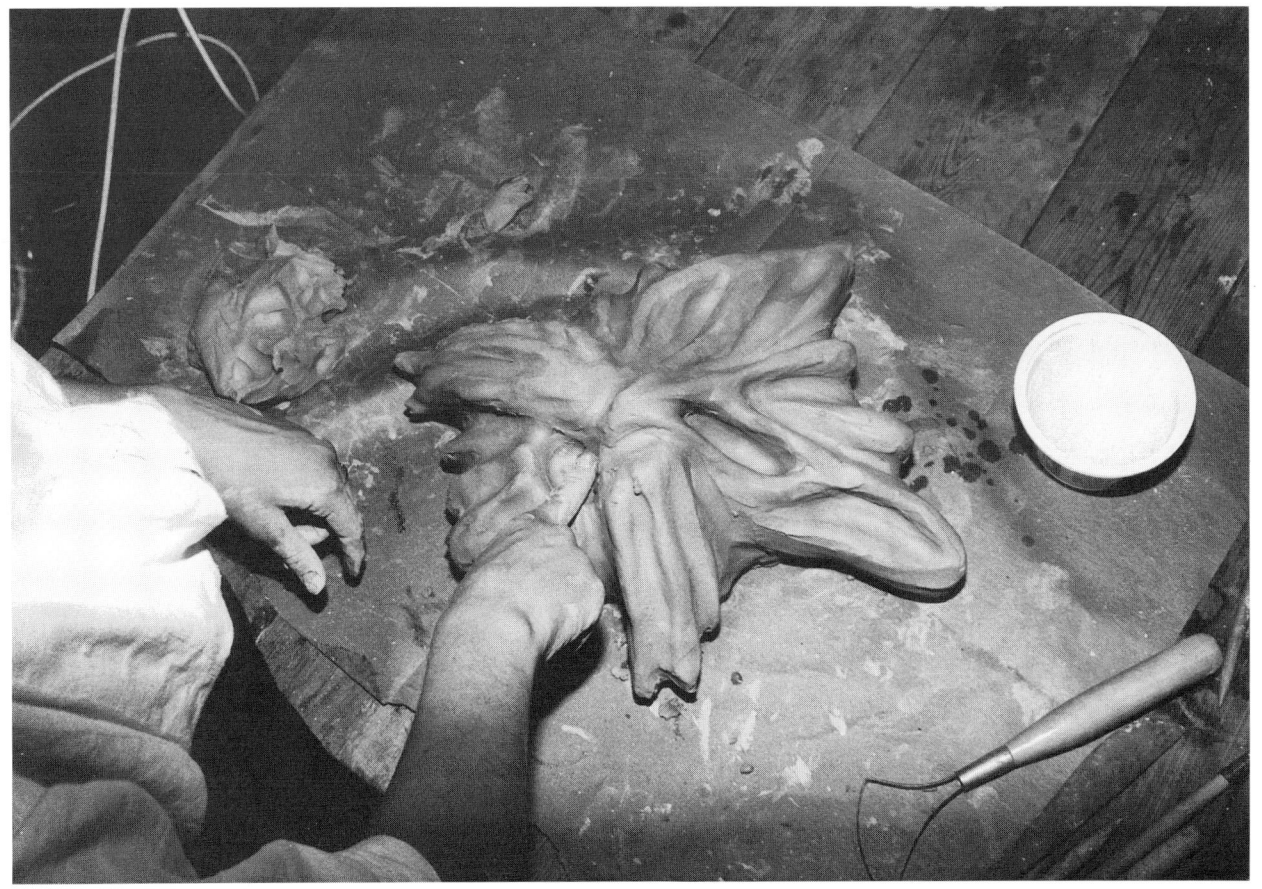

Das Tonmodell gut mit Vaseline einreiben

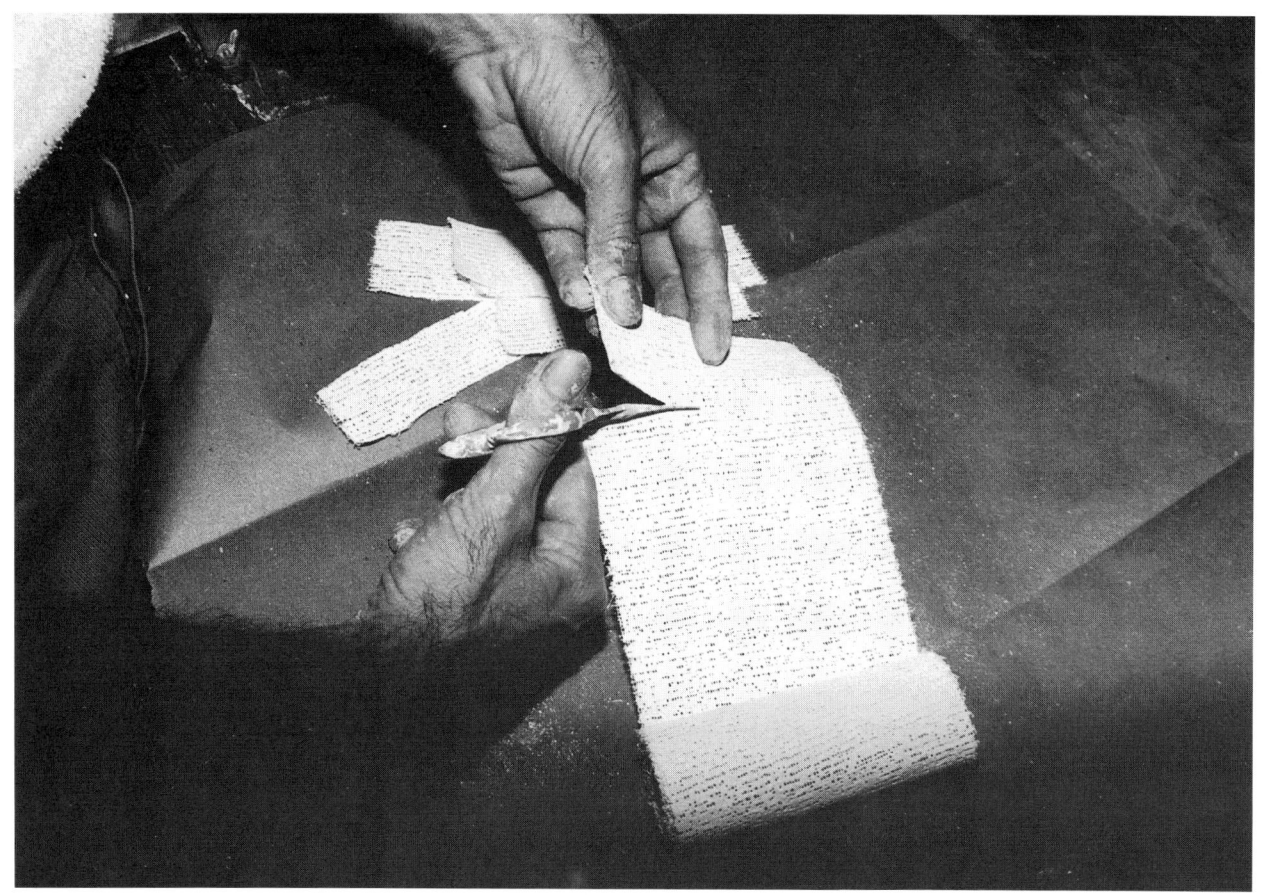

Die Gipsbinden in etwa 3 cm große Stücke zerschneiden

Die Gipsstücke gut andrücken

Mindestens drei Lagen Gips werden aufgetragen

Die Form aus Gipsbinden

... vom Tonmodell trennen

Säubern

Fertig ist die Negativmaske

77

# Kaschieren der Maske in der Negativform

Du brauchst wieder das gleiche Material wie beim ersten Weg. Auch die Arbeitsschritte sind die gleichen. Der einzige Unterschied besteht darin: Die Lagen Maskenpapier/Zeitungspapier werden nicht oben auf die Form aufgebracht, sondern innen.

Material
Maskenpapier oder Packpapier
Zeitungspapier
50 g Tapetenkleister
Holzleim 1/2 Tasse
Vaseline
2 1/2 l Wasser

Werkzeug
Lappen
Plastikschüssel zum Anrühren des Kleisters
Rührholz
Pinsel mit kurzen harten Borsten
Modellierstab

## Arbeitsschritte

1. Rühre zuerst den Kleister an. In das Wasser wird der Kleister langsam eingerührt. Solange rühren, bis keine Klumpen mehr drin sind. Jetzt den Holzleim dazugeben.

2. Das Maskenpapier in kleine Stücke reißen (etwa 3 x 3 cm), nicht schneiden.

3. Packe diese Papierstücke in den Kleister und lasse alles mehrere Stunden ziehen. Das echte Maskenpapier muß länger durchweichen als normales Packpapier.

4. Reibe dein Gipsnegativmodell von innen mit Vaseline ein.

5. Nun lege die eingeweichten Papierstücke Stück für Stück überlappend in die Gipsnegativform. Beginne mit der tiefsten Stelle. Dieser Arbeitsschritt heißt kaschieren. Von der Wortbedeutung heißt kaschieren „verstecken". Also, es darf nach dem Auftragen der ersten Lage kein Eckchen Gips mehr zu sehen sein.

6. Wiederhole den gleichen Arbeitsschritt mit den Zeitungspapierstücken. Diese brauchen nur kurz in den Kleister getaucht werden.

7. Dann folgt wieder eine Lage mit dem Maskenpapier. Insgesamt brauchst du 2 bis 3 Lagen Zeitungspapier und 2 bis 3 Lagen Maskenpapier.

8. Jetzt muß deine Pappmaske gut durchtrocknen. Laß der Maske ruhig 24 Stunden Zeit dafür.

9. Nehme die Maske vorsichtig aus der Gipsform.

Die eingeweichten Papierstückchen ...

...Stück für Stück einlegen

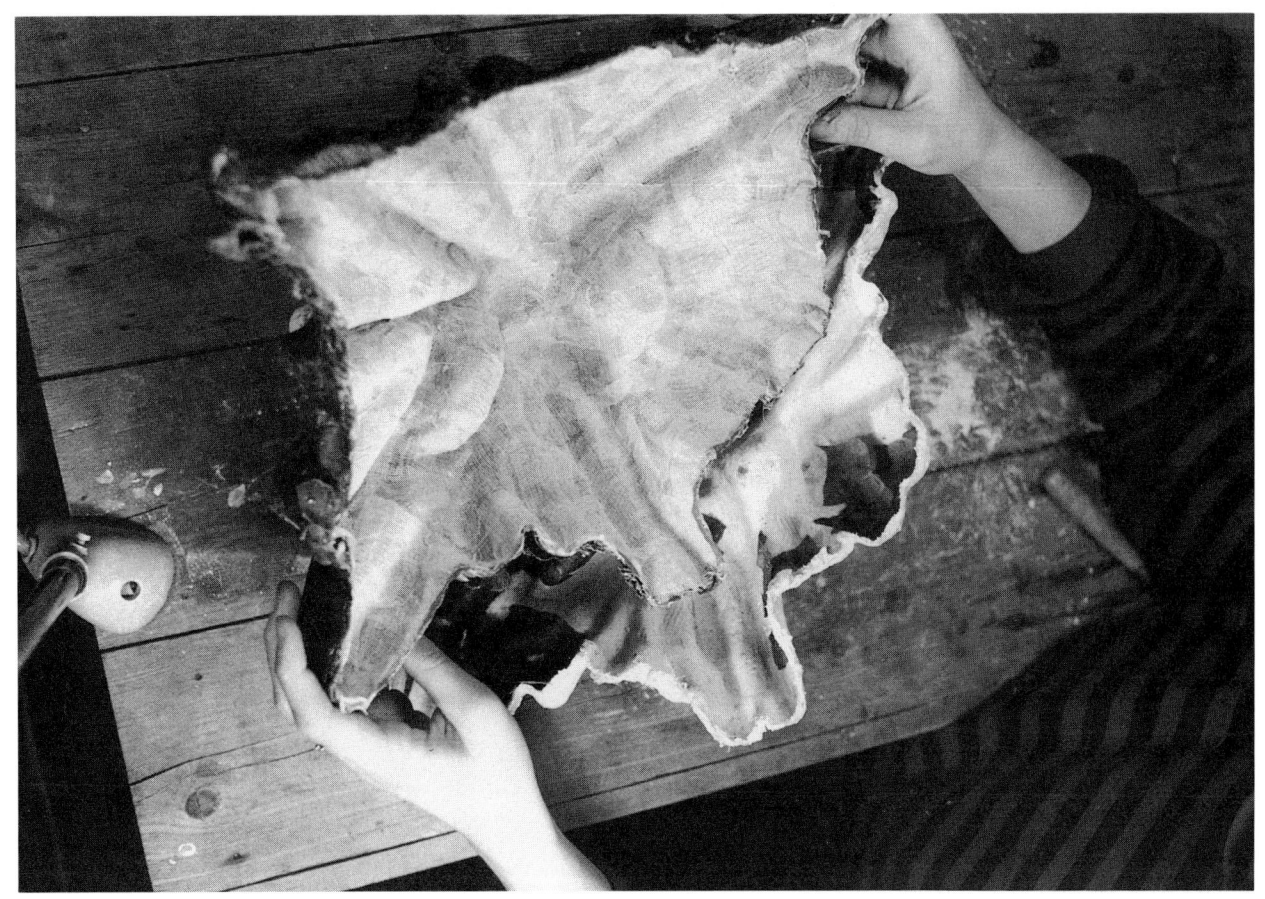

Löse die Maske aus dem Gipsnegativ

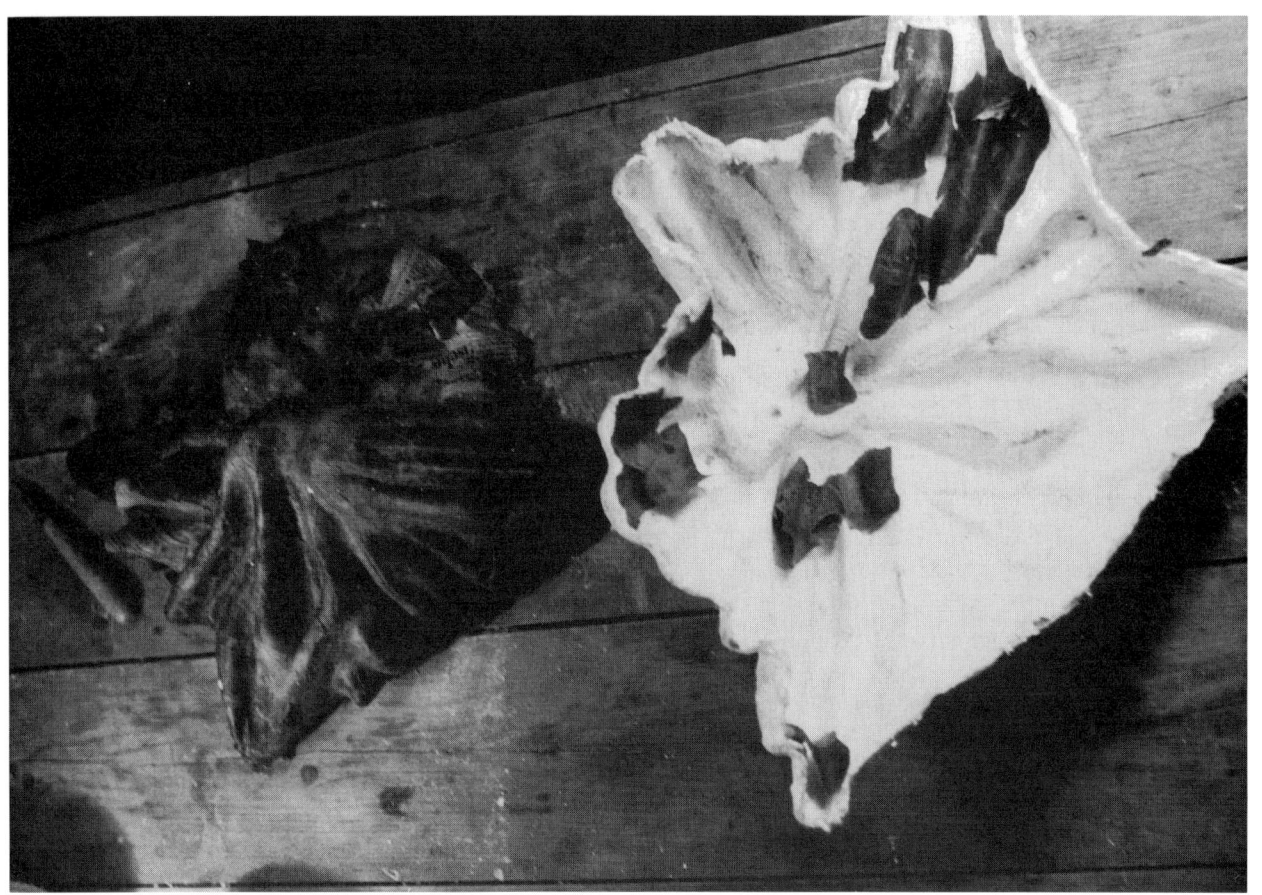

Das Positiv herausgelöst aus der Negativform

Maskenspiel

# Unikat-Pappmaché Maske von der Tonform

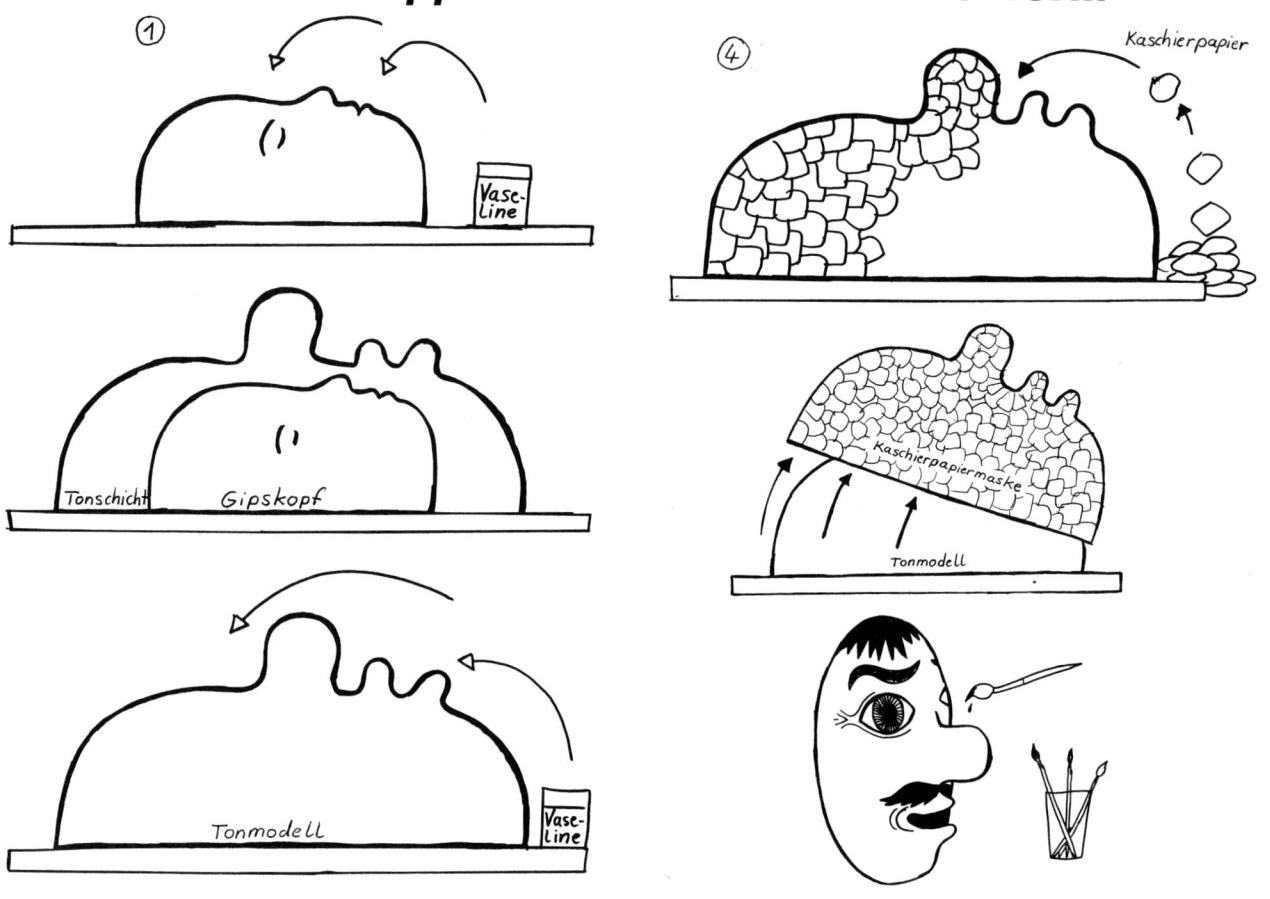

① Vase-Line

Tonschicht  Gipskopf

Tonmodell  Vase-Line

④ Kaschierpapier

Kaschierpapiermaske  Tonmodell

# Mehrere Masken durch die neue Negativform

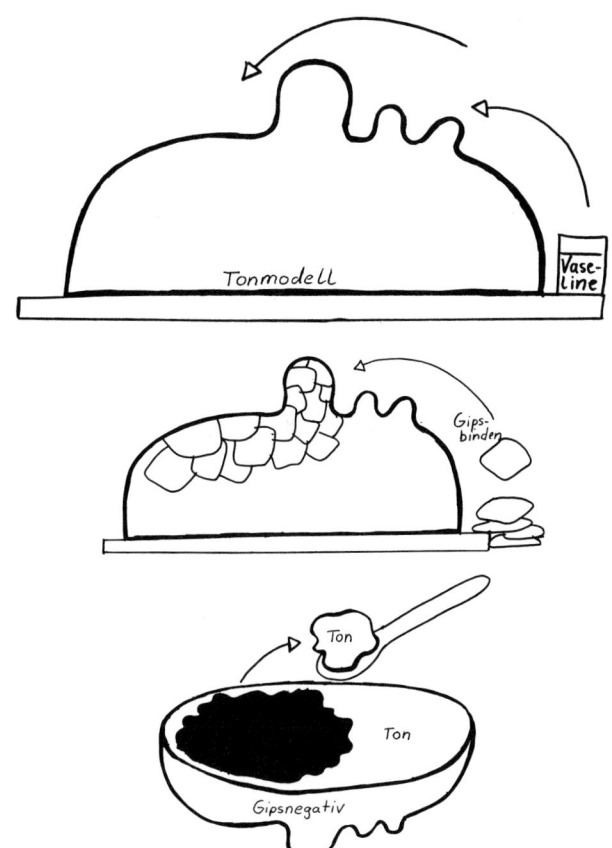

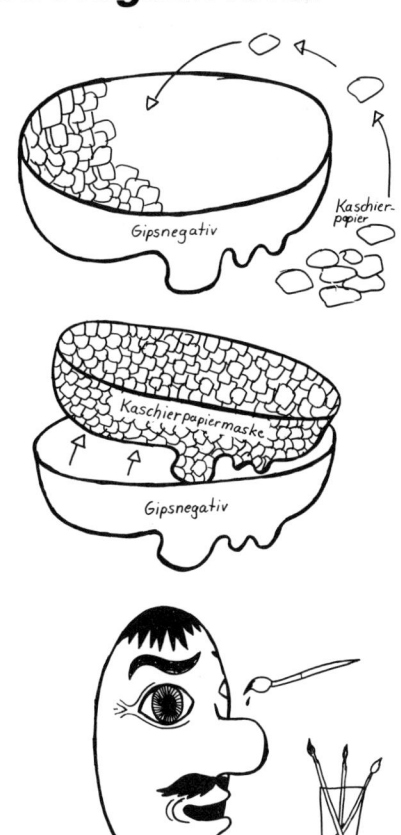

# Bearbeitung der Pappmaché–Maske

*Material*
Schmirgelpapier
weiße Abtönfarbe

*Werkzeug*
Pinsel

*Arbeitsschritte*
1. Jetzt kommt eine langwierige und auch unangenehme Arbeit, das Schmirgeln der Pappmaché–Maske. Sie muß für die weitere Bearbeitung völlig glatt sein: Also schmirgeln, schmirgeln, ...
2. Nun male die glattgeschmirgelte Maske mit der weißen Abtönfarbe an.
3. Abtönfarbe trocknen lassen
4. Schmirgeln
5. Neue Lage Abtönfarbe auftragen
6. Schmirgeln

usw. bis die Oberfläche der Maske glatt ist.

# Endgestaltung der Maske

Hier sind deiner Phantasie wieder einmal keine Grenzen gesetzt. Du kannst deine Maske farbig gestalten, du kannst sie mit Federn, Perlen, Fell oder was dir sonst noch einfällt, verzieren.

## Auskleiden der Maske

*Material*
Kleber
Filz

*Werkzeug*
Schere

*Arbeitsschritte*
1. Filzstücke in der Größe der Maske zurechtschneiden
2. Die Maske innen dünn mit Kleber einstreichen
3. Den Filz gleichmäßig in die Maske drücken
4. Eventuell vorhandene Gesichtsöffnungen herausschneiden

## Anbringen der Kopfhalterung

Die Form der Kopfhalterung hängt von der Maske ab. Ist sie klein und leicht, kann die Halterung aus zwei Gummibändern bestehen, die seitlich in Höhe der Ohren befestigt werden. Schwieriger ist dies bei einer schweren Maske. Dann mußt du dir eine Art Helm aus Pappstreifen machen, an dem die Maske befestigt wird.

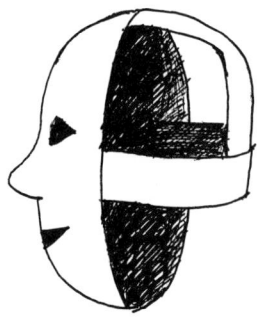

# *Fertige Masken*

Aber das Wichtigste ist es, zu wissen wofür ich die Maske baue.

Wenn ich weiß, was ich spielen möchte, dann finde ich meine Maske. Einige Ideen sind in diesem Buch angedeutet worden. Jedoch bleibt es dir selbst überlassen, „deine" Form zu finden. Erst dann sind all die wichtigen Bauanleitungen für dich wichtig.

# Literatur zum Thema

Commedia dell'arte
Karl Riha
Insel Bücherei Nr. 1007
Frankfurt 1980
4. Auflage

Commedia dell'arte
David Essig
Delphi 1021
D–88 Nördlingen
1985

Masken und Maskierungen
Ingelore Eberling
Du Mont
Köln 1984
2. Auflage

Weltgeschichte des Theaters
Margot Berthold
Alfred Kröner Verlag
Stuttgart 1968

Hoorig, hoorig isch die Katz....
Ausstellung und Begleitheft
Dr. Tilmann Pechert
Duisburg 1981

Masken  –  Bau und Spiel
Rudolf Seitz
Don Bosco Verlag
München 1986

Slapstick  –  Pantomime  –  Maskenspiel
Hans Jürgen Zwiefka
edition aragon
Moers 1987

Das Clownsbuch
Christoph Gilberg
edition aragon
Moers 1988

# Nützliche Adressen

Pappnase & Co
Grindelallee 92
2000 Hamburg 13
Tel. 040/44 97 39

Pappnase & Co
Rosenheimer Straße 5
im Gasteig Kulturzentrum
8000 München 80
Tel. 089/4 48 17 71

Rhinozerus
Bücher + Spiele
Holsterhauser Straße 73
4300 Essen 1

Puppen u. Masken
Wilfried Nold
Eppsteiner Straße 22
6000 Frankfurt 1
Tel. 069/72 20 83

Editions la Malibran
Librairie Clair Obscur
161 Rue Saint Martin
Paris 3 e
Tel. 48 87 78 58

Studio Arlecchino & Co
Junkernstr. 17a
4100 Duisburg 1
Tel. 0203/34 23 12

Die Jonglerie
Hasenheide 54
1000 Berlin 61

Ballaballa
Zülpicher Str. 39
5000 Köln 1
Tel. 0221/23 39 84

Luftikus
Warendorfer Str. 5
4400 Münster
Tel. 0251/4 76 15

# Register

# Bildregister

**Todd Strong**
**Diabolo**
104 Seiten, Paperback, ca. 100 Abbildungen
DM 16.80
ISBN 3-924690-54-5

## Aus dem Inhalt:

Anfangswissen – Glossar – Antreiben des Diabolos – Die Korrektur des Kippens – Das Auswuchten des Diabolos – Für Diaboloprofis – Werfen und Fangen – Seilspringen – Fangen hinter dem Rücken – Dotzen – Endlose Würfe – Hexenspiel – Pirouetten – Seillauf – Die Peitsche – Spaghetti – Sprünge – Looping – Diabolospiel mit Partnern – Geschichte des Diabolo – unter anderem ...

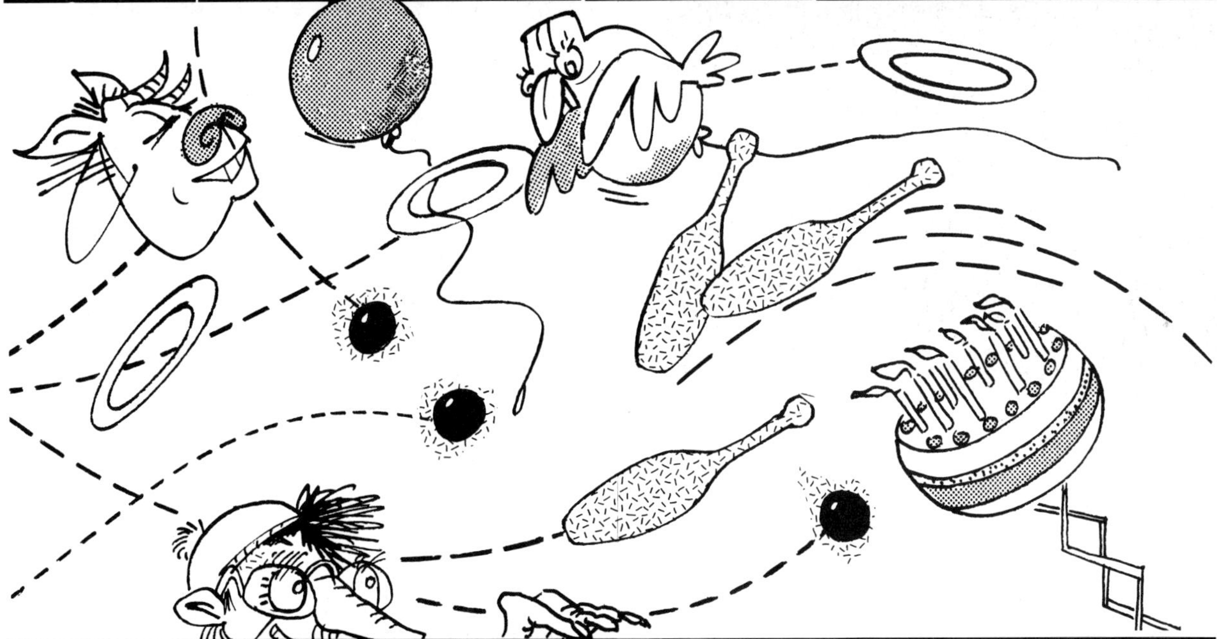

Bettina Bardell

## Circus – Bewegungskünste mit Kindern

Paperback, 104 Seiten, mit 101 Abbildungen,
DM 16,80
ISBN 3-924690-72-3    erscheint im April 1992

## Aus dem Inhalt:

Circus mit Kindern wird gerne spielend erlernt, weil es Kindern in ihrem Bewegungsdrang Spaß macht. Dieses Buch stellt Bewegungsspiele vor, die schon mit Fünfjährigen begonnen werden können. Bettina Bardell arbeitet in einem Hamburger Kindercircus und unterrichtet auch in Graz Akrobatik (für Kinder). Sie ist Autorin des Buches "die Kunst des Einradfahrens".

Hans-Jürgen Zwiefka
Pantomime — Ausdruck — Bewegung
104 Seiten, Paperback, mit 100 Abbildungen,
DM 16,80
ISBN 3-924690-16-2

## Aus dem Inhalt:

Einstiegsformen — Die pantomimische Gymnastik — Übungen zur Sinnesschärfung und Sensibilisierung — Die klassischen Pantomimetechniken — Typisieren, abstrahieren, stilisieren — Bewegungstechnik und Bewegungsimprovisation — Vorüberlegungen — Durchführung — Spiel- und Aufführungsthemen u. a.